T0040786

¡PURO MERENGUE!

LA SERIE ¡PURA!

ISBN 0-634-05443-0

HAL•LEONARD®
CORPORATION
7777 W. BLUEMOUND RD. P.O. BOX 13819 MILWAUKEE, WI 53213

Visit Hal Leonard Online at
www.halleonard.com

¡PURO MERENGUE!

4	Bajo La Lluvia	Grupo Manía
20	Bandida	Elvis Crespo
28	Cachamba	Kinito Méndez
13	Como Baila	Grupo Manía
34	Corazón De Mujer	Melina León
41	Corazoncito	Grupo Manía
46	Cuando Acaba El Placer	Tonny Tun Tun
52	Cuando El Amor Se Daña	Rikarena
58	El Tiburón	Proyecto Uno
63	Entre Tu Cuerpo Y El Mío	Milly Quezada
68	Es Mentiroso	Olga Tañón
76	La Ventanita	Sergio Vargas
80	Linda Eh!	Grupo Manía
86	Me Miras Y Te Miro	Grupo Manía
92	Merenguero Hasta La Tambora	Johnny Ventura
97	Mi Reina	La Makina
104	Nadie Se Muere	La Makina
110	Niña Bonita	Grupo Manía
116	No Me Digas Que No	La Makina
128	Pégame Tu Vicio	Eddy Herrera
123	Píntame	Elvis Crespo
136	Suavemente	Elvis Crespo
148	Tú Eres Ajena	Eddy Herrera
160	Tu Sonrisa	Elvis Crespo
154	Yo Te Confieso	Anthony

BAJO LA LLUVIA

Words and Music by
OSCAR SERRANO

Bajo la llu-via, me pon-go ro-mán-ti-co.

Bajo la llu-via, hoy quie-ro ha-blar-te de a-mor.

Bajo la llu-via, me pon-go ro-mán-ti-co.

Ba - jo la llu - via, hoy quie - ro ha - blar - te de a - mor.

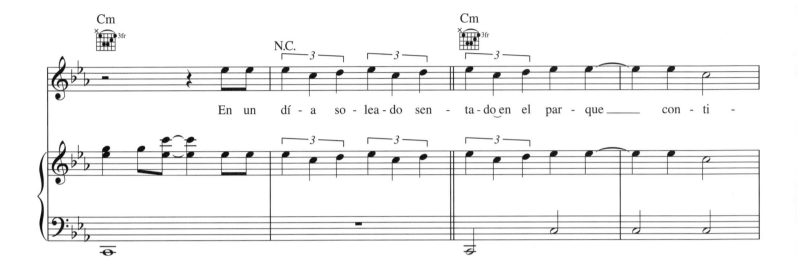

En un dí - a so - lea - do sen - ta - do en el par - que____ con - ti -

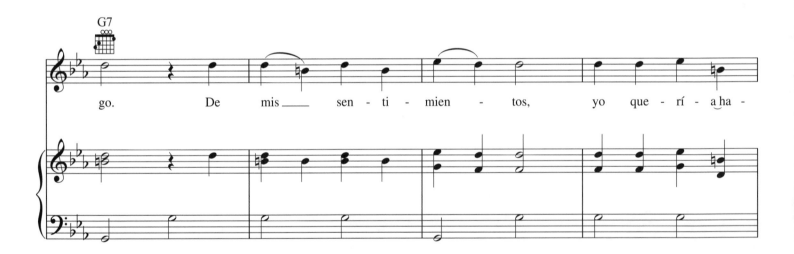

go. De mis____ sen - ti - mien - tos, yo que - rí - a ha -

blar - te.____ Tú me mi - ra - bas co - que - ta y yo pen -

sa - ba, __ de pron - to el cie - lo __ de gris de pin -

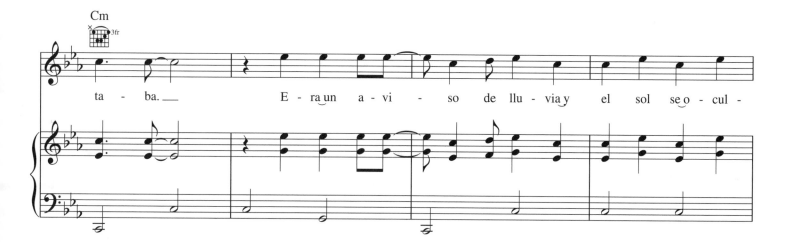

ta - ba. __ E - ra un a - vi - so de llu - via y el sol se o - cul -

tó, y a - quel a - gua - ce - ro __

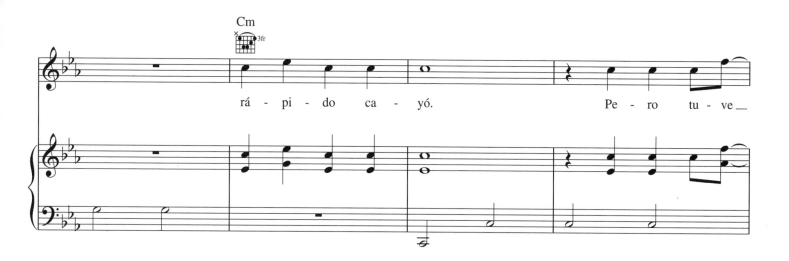

rá - pi - do ca - yó. Pe - ro tu - ve __

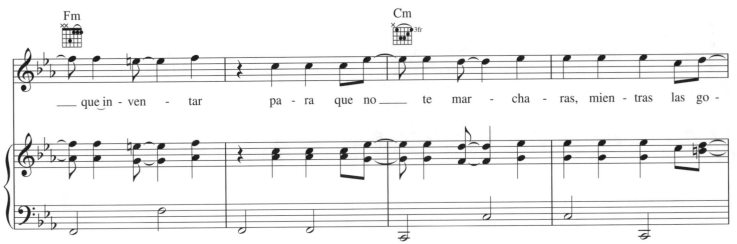

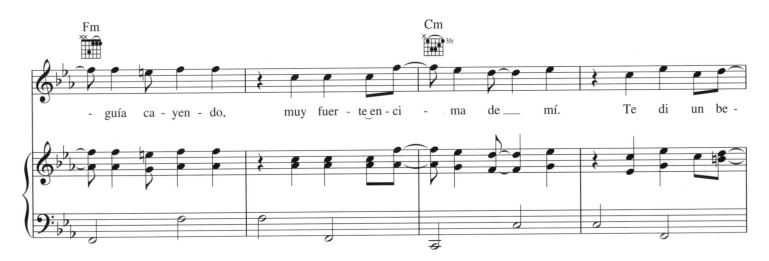

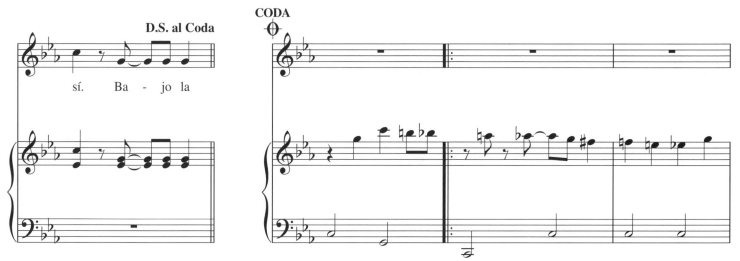

D.S. al Coda

CODA

sí. Ba - jo la

Ba - jo la llu - via yo, te di - ré cuan -

to te quie - ro. De a - quí__ no me quie - ro ir. Qué me__ mo - je el__

__ a - gua - ce - ro. Ba - jo la Y por e - so. Es que me en - a - mo - ro cuan - do

llue - ve, y más te voy__ que - rien - do, y

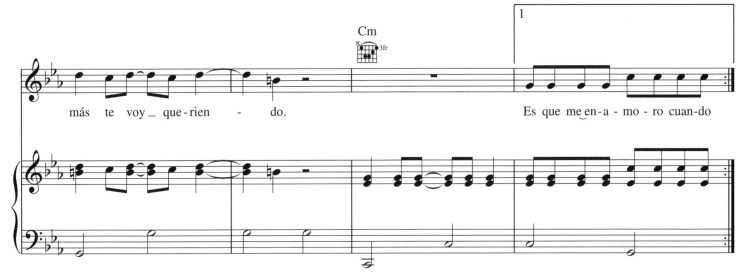

más te voy _ que-rien - do.   Es que me en-a - mo-ro cuan-do

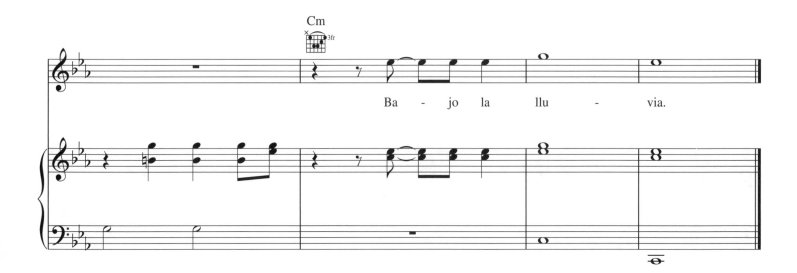

Ba - jo la llu - via.

COMO BAILA

Words and Music by
OSCAR SERRANO

Rápido

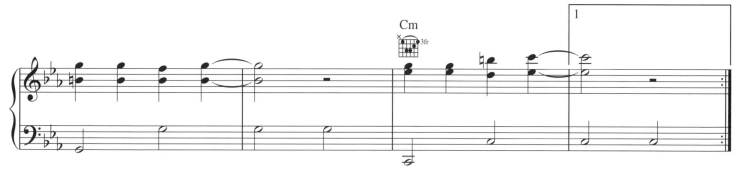

Yo ten - go la mu - cha - ci - ta que yo que - rí - a en - con - tar.

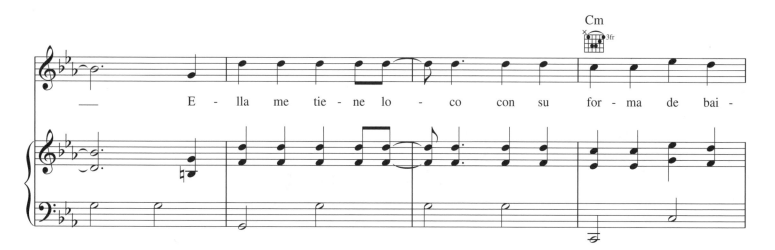

E - lla me tie - ne lo - co con su for - ma de bai -

los pies. ___ Ban-chy se que-da mi-ran - do, y Al - fred se vuel-ve lo-

-co. Chi - no la mi-ra y di - ce, "Os - ca - ri - to, qué al - bo -

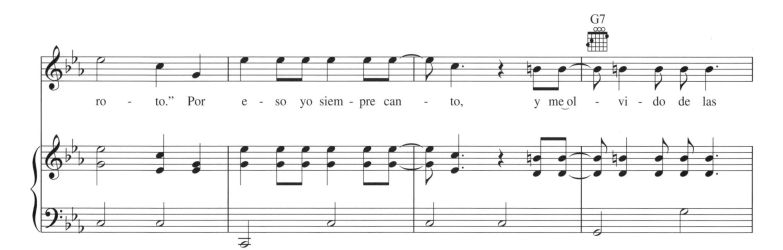

ro - to." Por e - so yo siem-pre can - to, y me ol - vi - do de las

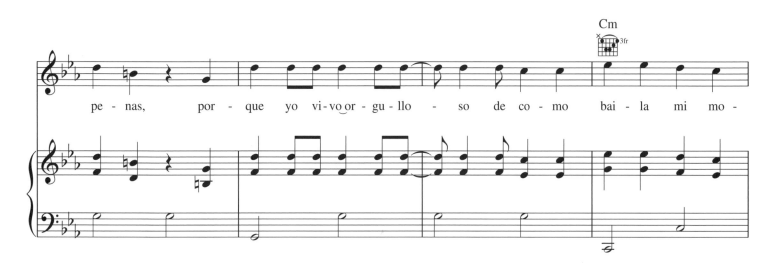

pe - nas, por - que yo vi - vo or - gu - llo - so de co - mo bai - la mi mo -

re - na.

Co - mo bai - la mi___ mo - re - na. Qué bo - ni - ta e-

- lla es.___ Co - mo bai - la mi___ mo - re - na. Co - mo e - lla mue - ve___

los pies.____ Co - mo bai - la mi____ mo - re - na. Co - mo bai - la co -

- mo go - za. Co - mo bai - la mi____ mo - re - na. Mi mo - re - na es - tá____

____ sa - bro - sa.

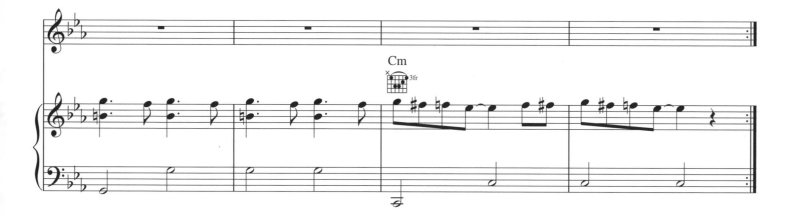

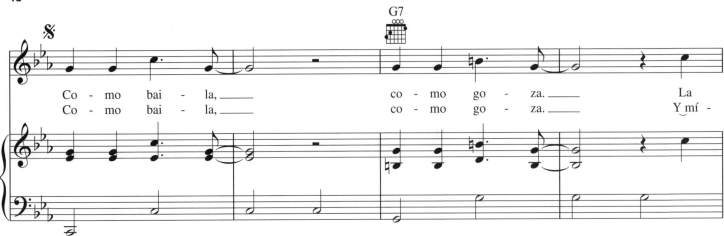

Como baila, ____ como goza. ____ La

Como baila, ____ como goza. ____ Y mí-

chi - ca lo es - tá bai - lan - do ya mí me es - tá gus - tan - do.

ra - la co - mo bai - la, pe - ga - di - ta de los hom - bres.

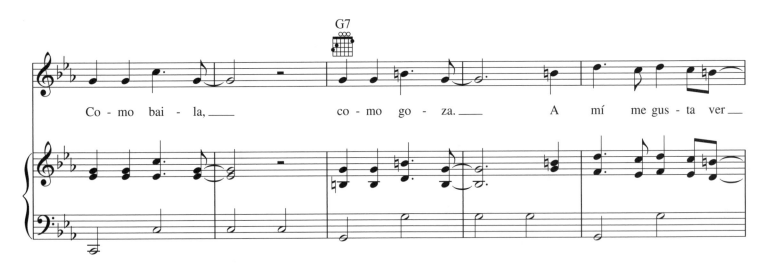

Co - mo bai - la, ____ co - mo go - za. ____ A mí me gus - ta ver ____

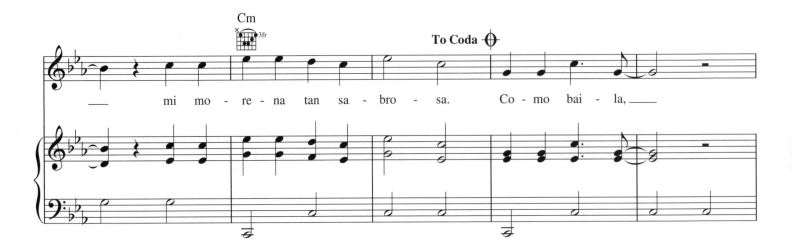

____ mi mo - re - na tan sa - bro - sa. Co - mo bai - la, ____ La

como go - za._____ La chi - ca en la pis - ta lo si - gue bai - lan-da Os - ca -

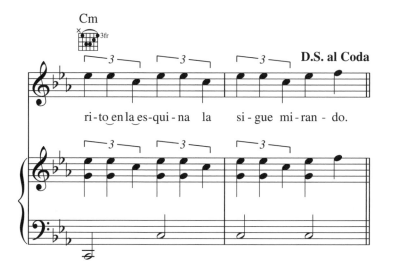

D.S. al Coda

ri - to en la es - qui - na la si - gue mi - ran - do.

CODA

Co - mo bai - la,_____
Co - mo bai - la,_____

como go - za._____ A mí me gus - ta tan - to, e - sa
como go - za._____ Por - que yo vi - vo or - gu - llo - so de co - mo

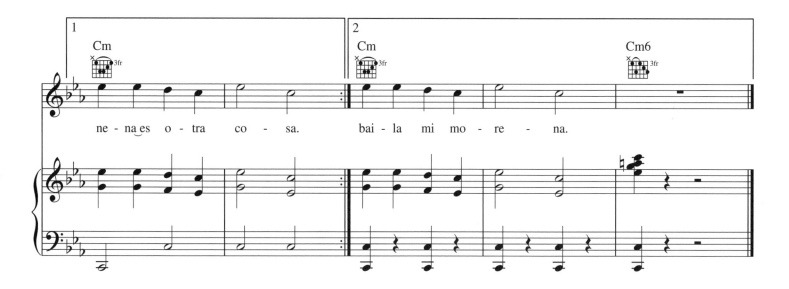

1.
ne - na es o - tra co - sa.

2.
bai - la mi mo - re - na.

BANDIDA

Words and Music by
ELVIS CRESPO

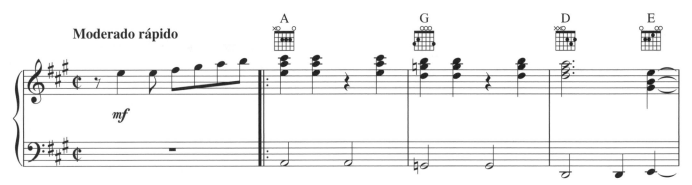

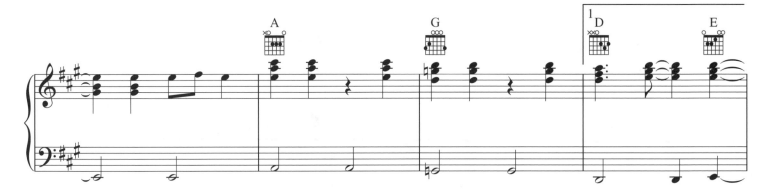

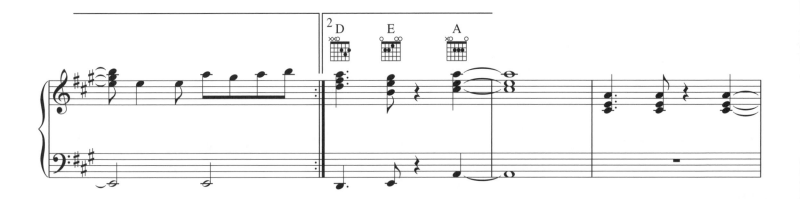

E - lla me de - jó a - rro - llao.
mao.

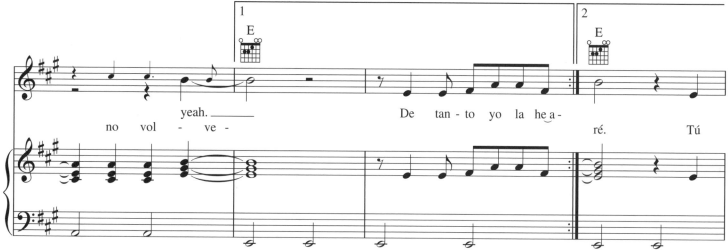

22

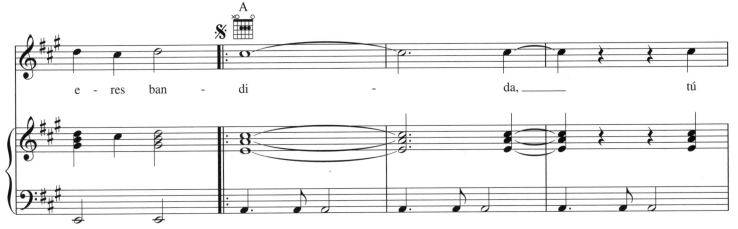

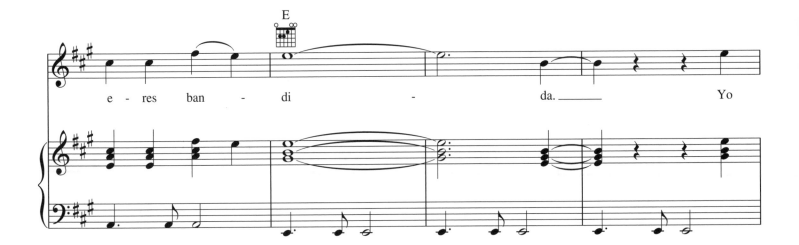

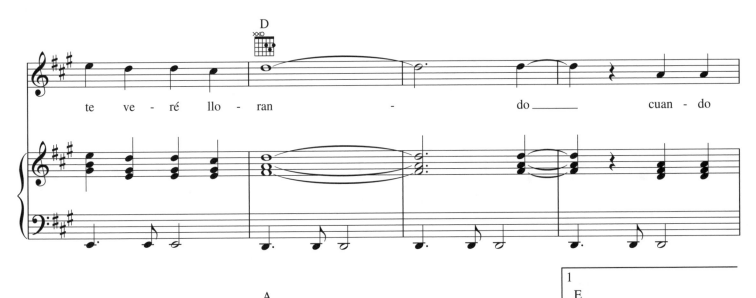

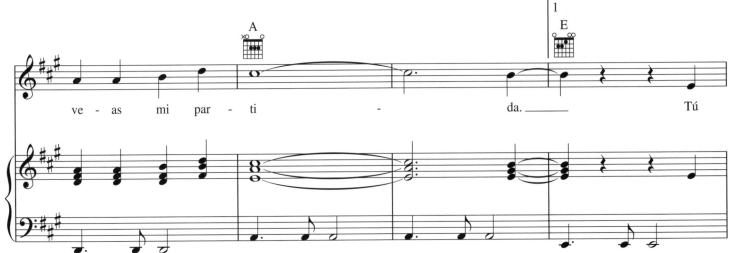

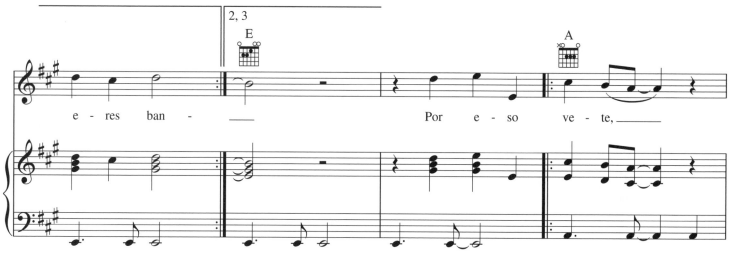

e - res ban - _____ Por e - so ve - te, _____

ve - te, _____ ve - te de mi vi - da. _____ Ve - te, _____

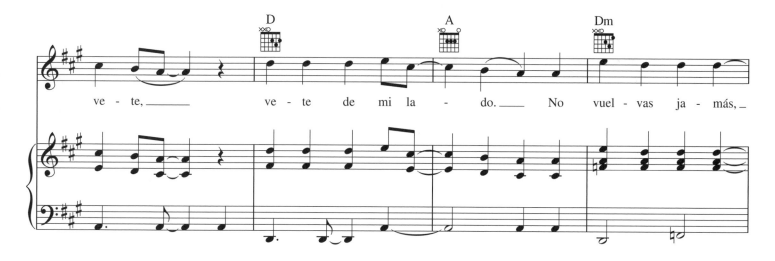

ve - te, _____ ve - te de mi la - do. _____ No vuel - vas ja - más, _

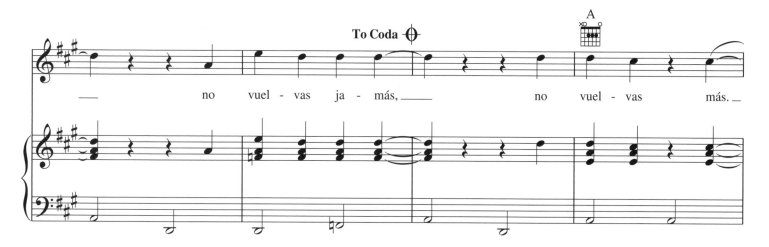

To Coda ⊕

_____ no vuel - vas ja - más, _____ no vuel - vas más. _____

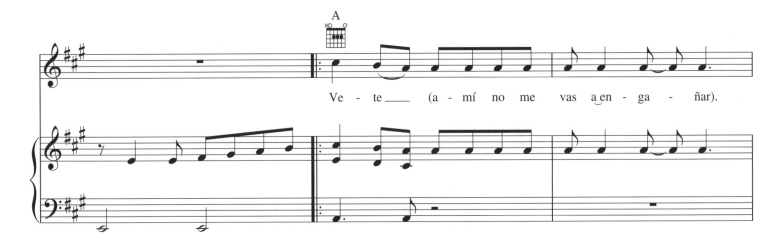

cuen - ta que es men - ti - ra.___ Ban - di - da, qué - da - te con ___ to - do y dé - ja - me,

re - co - ger tus ___ co - sas y lár - ga - te. Ya no te ne - ce -

- si - to. Fue - ra de mi ___ ca - sa, haz - me el fa - vor y mué - ve - te.

Qué - da - te con ___ to - do y dé - ja - me, re - co - ger tus ___

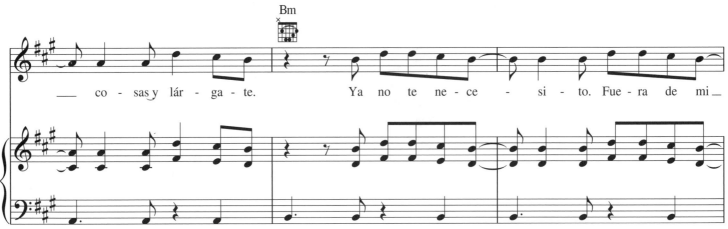

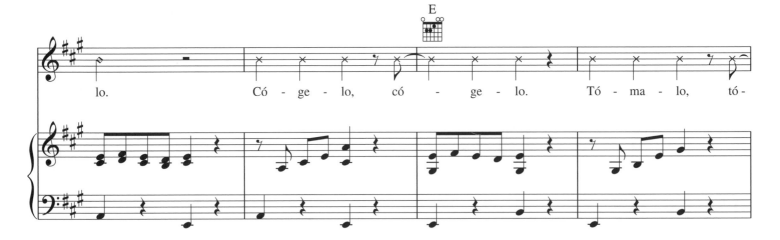

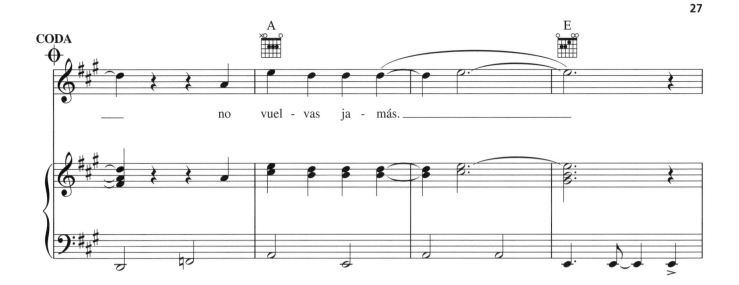

no vuel - vas ja - más.

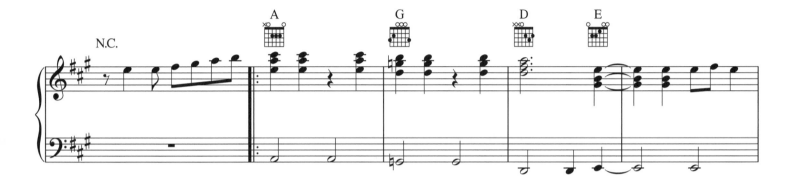

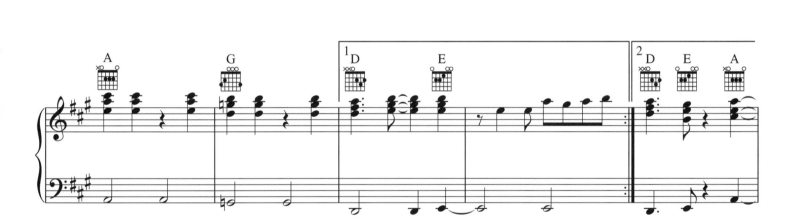

E - lla me de-jó a-rro - llao.

CACHAMBA

Words and Music by
KINITO MÉNDEZ

Ki - ni - to, Ki - ni - to, su a - mi - go, su a -

mi - go. Ki - ni - to, Ki - ni - to. *(Spoken:)* *¿Y qué es esto?*

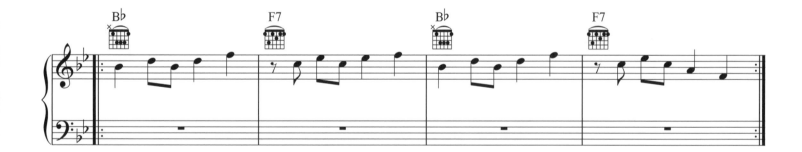

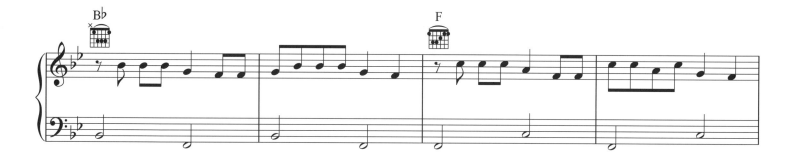

Ca - cham - ba, ca - cham - ba, qué va - ci - lón, va - ra ca-cham - ba, ca - cham-ba ay hom - bre.

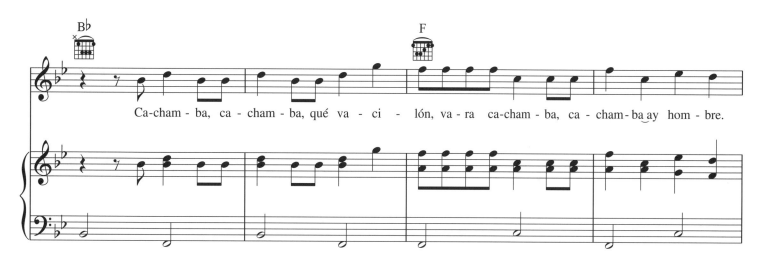

Ca - cham - ba, ca - cham - ba, qué va - ci - lón, va - ra ca-cham - ba, ca - cham-ba ay hom - bre.

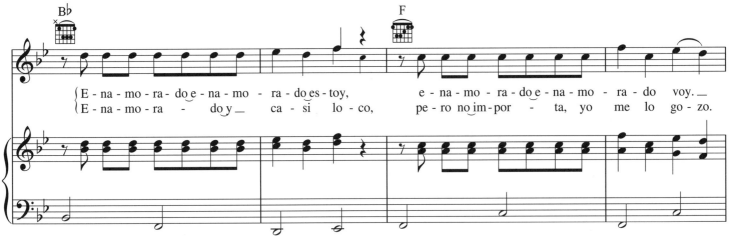

E - na - mo - ra - do e - na - mo - ra - do es - toy, e - na - mo - ra - do e - na - mo - ra - do voy.__
E - na - mo - ra - do y__ ca - si lo - co, pe - ro no im - por - ta, yo me lo go - zo.

E - na - mo - ra - do de tí, ne - na. Ay, ben - di - to có - ge - me pe - na.
E - na - mo - ra - do_____ a - mor.__ Chú - ba - me tu__ co - ra - zón.__

Ca - cham - ba, ca - cham - ba, qué va - ci - lón, va - ra ca - cham - ba, ca - cham - ba ay hom - bre.

cham - ba ay hom - bre.

Ay, Ma - mi, no me ha - ga Ay, ma - mi, no
(un pa - pe - lón)

me ha - ga (no). ___ Ay, Ma - mi, no me ha - ga me ha - ga (no) ___
(un pa - pe -

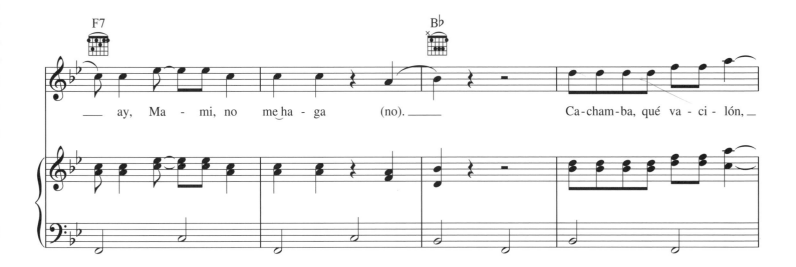

___ ay, Ma - mi, no me ha - ga (no). ___ Ca - cham - ba, qué va - ci - lón, ___

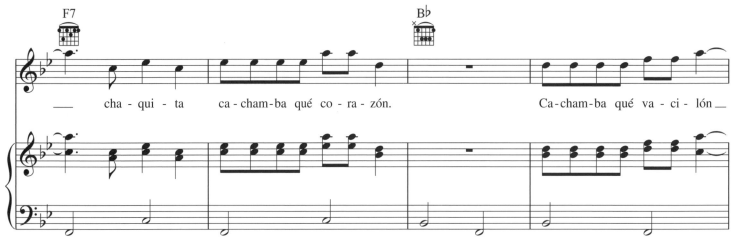

cha - qui - ta   ca - cham - ba qué co - ra - zón.   Ca - cham - ba qué va - ci - lón __

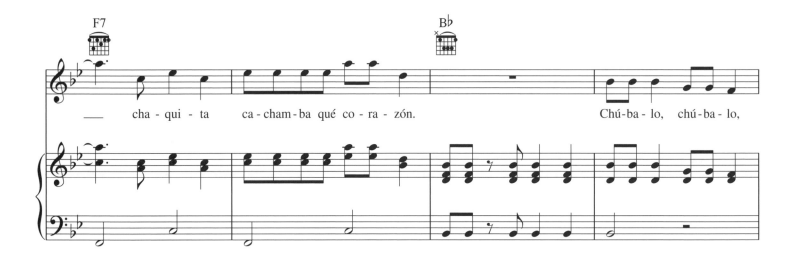

cha - qui - ta   ca - cham - ba qué co - ra - zón.   Chú - ba - lo, chú - ba - lo,

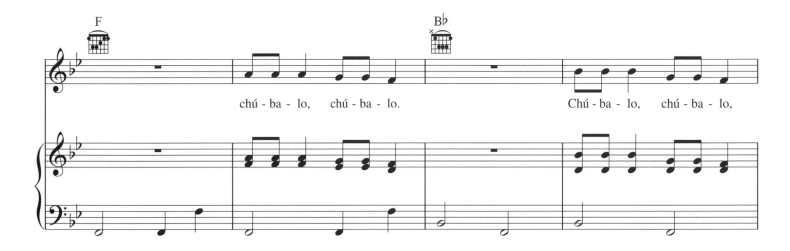

chú - ba - lo, chú - ba - lo.   Chú - ba - lo, chú - ba - lo,

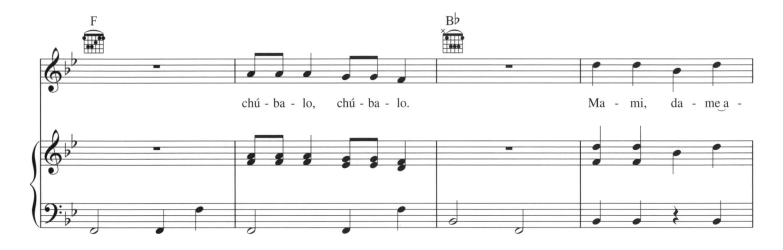

chú - ba - lo, chú - ba - lo.   Ma - mi, da - me a -

mo - re, mi - ra no sea ma - la. Ma - mi, da - me a -

mo - re, mi - ra no sea ma - la. Y a - sí____ no te que - das

so - la, so - li - ta y so - li - ci - ta - da. Y a - sí____ no te que - das

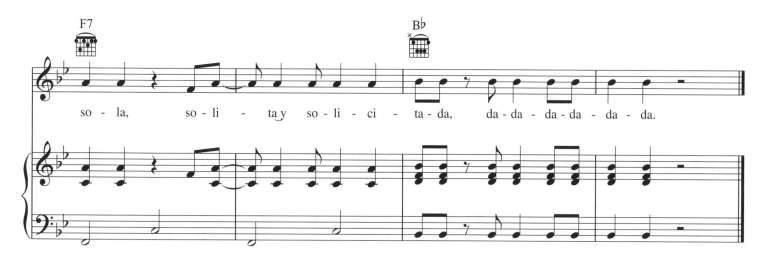

so - la, so - li - ta y so - li - ci - ta - da, da - da - da - da - da - da.

CORAZÓN DE MUJER

Words and Music by A. JAEN,
J. MORIN and G. ARENAS

Moderado rápido

Cuan - do te mi - ro no pue - do e - vi - tar
Es - toy se - gu - ra que es - te a - mor se - rá

pen - sar que tú e - res al - go es - pe - cial. _____ El sen - ti - mien - to es tan
gran - de por siem - pre y más cre - ce - rá. _____ Al - mas ge - me - las que a -

pu - ro y re - al, ___ te ju - ro que me das e - sa paz. ___ } Cuan - do es -
si vi - vi - ran, ___ en ar - mo - ní - a por la e - ter - ni - dad. ___ }

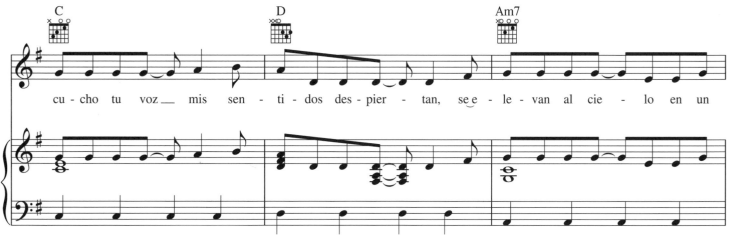

cu - cho tu voz __ mis sen - ti - dos des - pier - tan, se e - le - van al cie - lo en un

gri - to de a - mor. __ Te doy la tie - rra, __ pa - ra que siem - bres en mí, __ las pro -

me - sas de a - mor __ con la e - sen - cia de tí. __ Te doy el a - gua __ pa - ra que

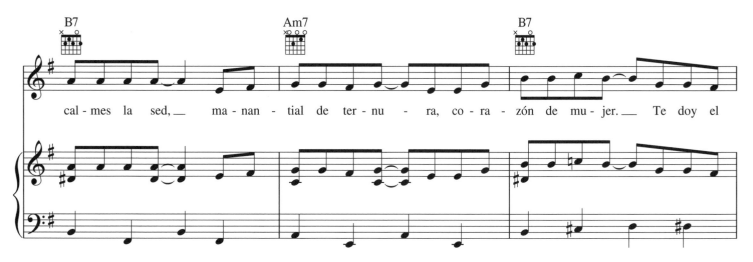

cal - mes la sed, __ ma - nan - tial de ter - nu - ra, co - ra - zón de mu - jer. __ Te doy el

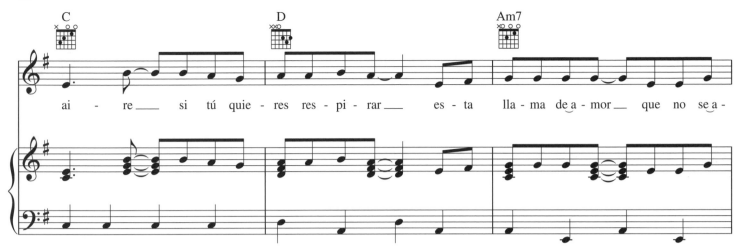

ai - re _ si tú quie - res res - pi - rar _ es - ta lla - ma de a - mor _ que no se a -

pa - ga - rá. _ Te doy la tie - rra, _ pa - ra que siem - bres en mí, _ las pro -

me - sas de a - mor _ con la e - sen - cia de tí. _ Te doy el a - gua pa - ra que

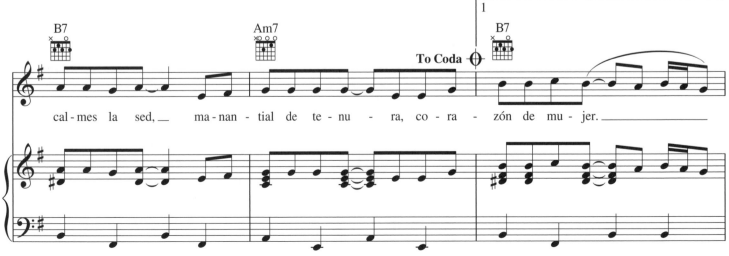

cal - mes la sed, _ ma - nan - tial de te - nu - ra, co - ra - zón de mu - jer. _

zón   de   mu - jer. _____

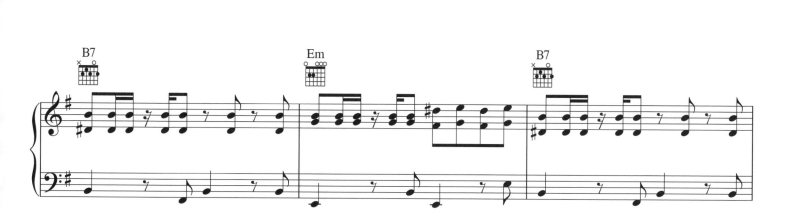

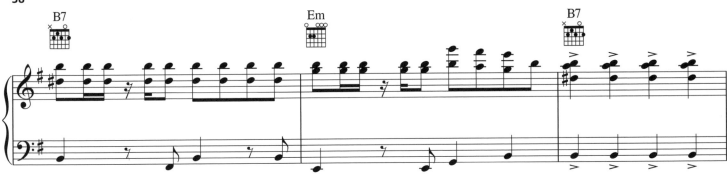

Te doy la

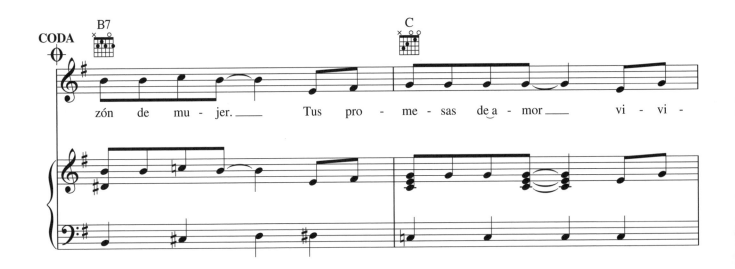

zón de mu - jer.____ Tus pro - me - sas de a - mor____ vi - vi -

rán más a - llá____ de la vi - da,____ por - que

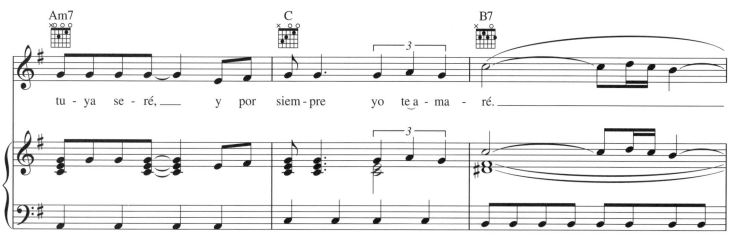

tu - ya se - ré, ___ y por siem-pre yo te a - ma - ré. ___

___ Te doy la tie - rra, ___ pa - ra que siem-bres en mí ___ las pro -

me - sas de a - mor ___ con la e - sen - cia de tí. ___ Te doy el a - gua ___ pa - ra que

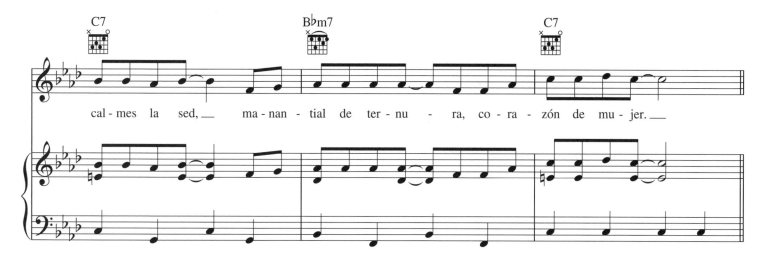

cal - mes la sed, ___ ma - nan - tial de ter - nu - ra, co - ra - zón de mu - jer. ___

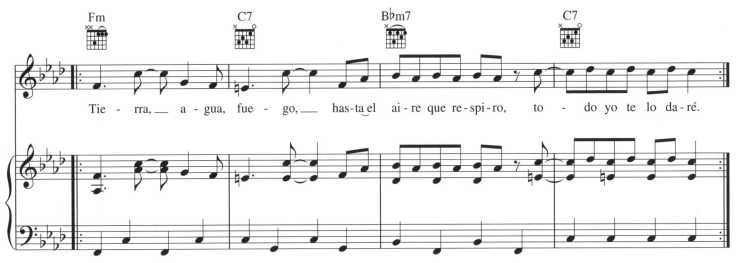

Tie - rra,___ a - gua, fue - go,___ has-ta el ai - re que re-spi - ro, to - do yo te lo da - ré.

CORAZONCITO

Words and Music by
BANCHY SERRANO

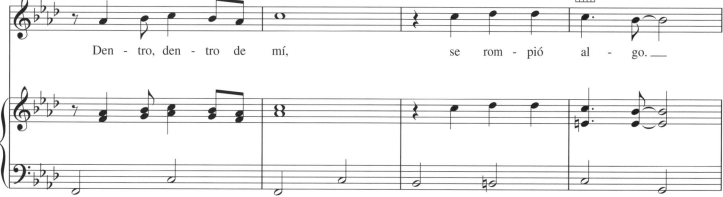

Den - tro, den - tro de mí, se rom - pió al - go.

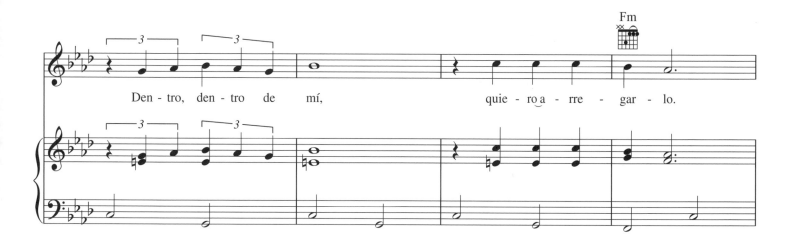

Den - tro, den - tro de mí, quie - ro a - rre - gar - lo.

Des - de que tú te fuis - te, se rom - pió al - go.

Den - tro, den - tro de mí, quie - ro_a - rre - gar - lo.

Co - ra - zon - ci - to tú, co - ra - zon - ci - to tú, ¡có - mo due - le!

Co - ra - zon - ci - to tú, co - ra - zon - ci - to tú, que me hie - re.

Co - ra - zon - ci - to tú, _____ co - ra - zon - ci - to tú, _____ ¿qué me hi - cis - te? _____

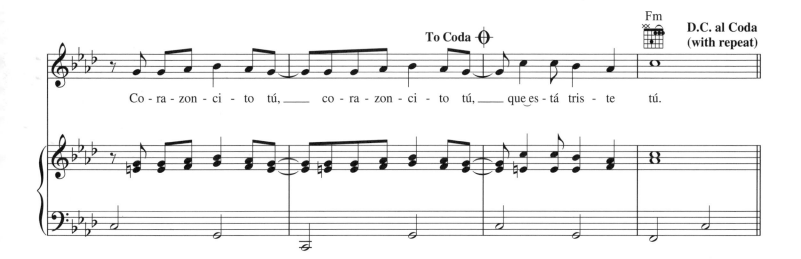

Co - ra - zon - ci - to tú, _____ co - ra - zon - ci - to tú, _____ que es - tá tris - te tú.

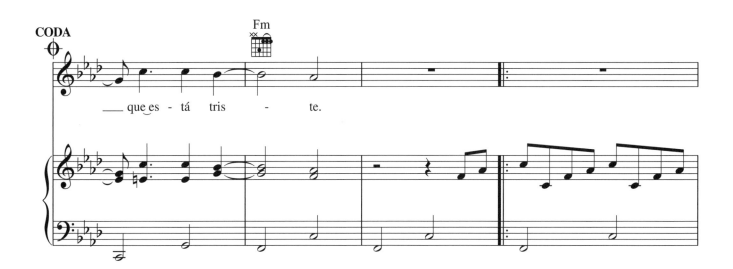

_____ que es - tá tris - te.

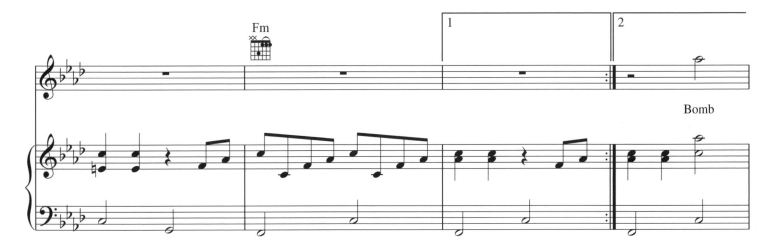

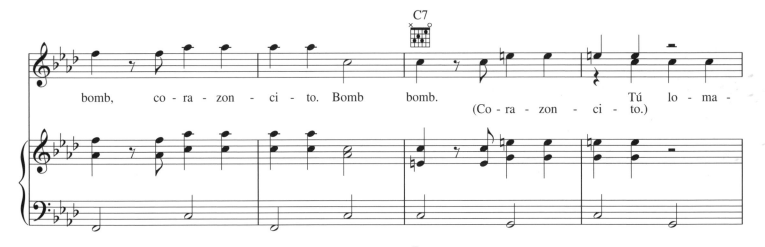

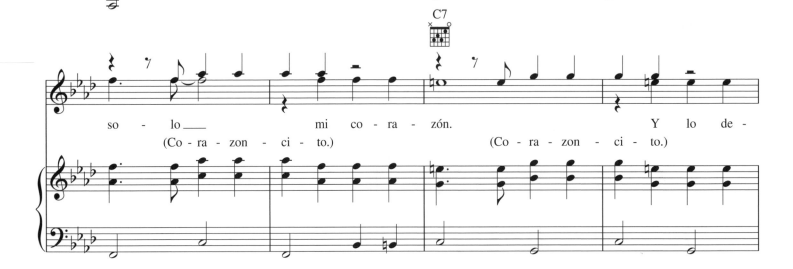

jas - te _____ sin com - pa - sión. _____
(Co - ra - zon - ci - to.)   (Co - ra - zon - ci - to.)

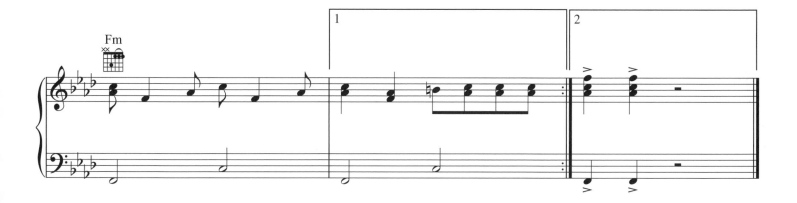

CUANDO ACABA EL PLACER

Words and Music by CHICO ROQUE
and SERGIO CAETANO

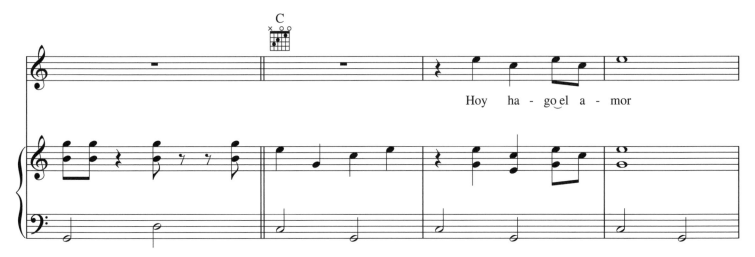

Hoy ha - go el a - mor

con o - tra per - so - na. ____

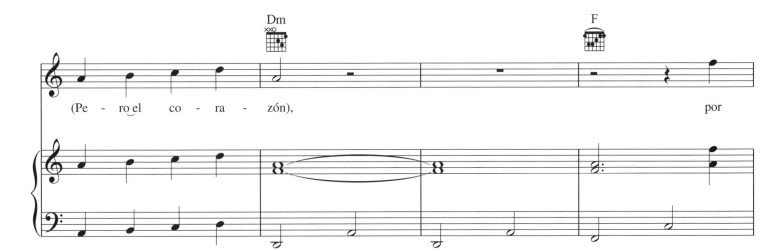

(Pe - ro el co - ra - zón), por

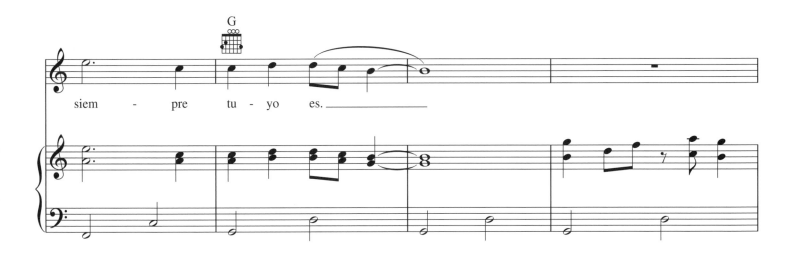

siem - pre tu - yo es. ____

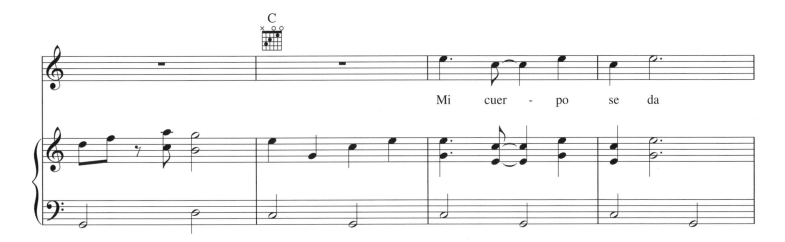

Mi cuer - po se da

y el al - ma per - do - na.

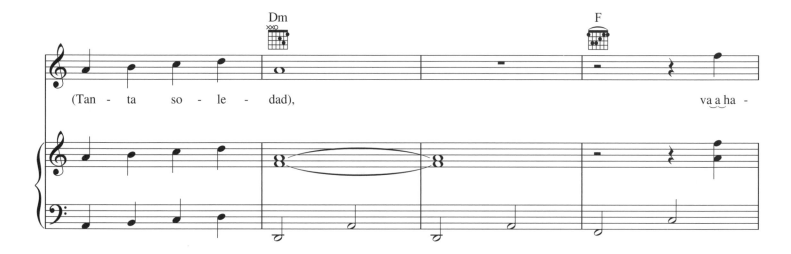

(Tan - ta so - le - dad), va a ha -

cer - me en - lo - que - cer.

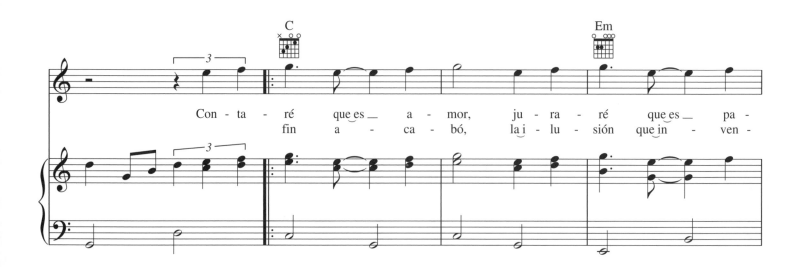

Con - ta - ré que es _ a - mor, ju - ra - ré que es _ pa -
fin a - ca - bó, la i - lu - sión que in - ven -

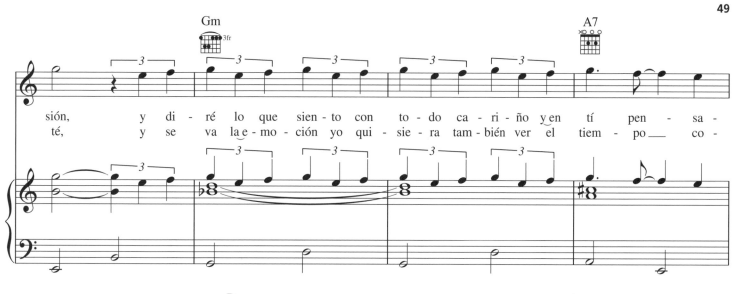

sión,   y di - ré lo que sien - to con to - do ca - ri - ño y en tí pen - sa -
té,   y se va la e - mo - ción yo qui - sie - ra tam - bién ver el tiem - po__ co -

ré.___   De - ja - ré el co - ra - zón,   se - ré to - da e - mo -
rrer.___   Ya no sé quien_ me a - mó.   ¿Qué a - pren - dí? Yo__ no

ción.   La ver - dad es que mien - to que vi - vo pen - san - do si te ol - vi - da - ré.___
sé,   Y es en - ton - ces, que en - tien - do se mi - de el a - mor cuan - do a - ca - ba el pla - cer.___

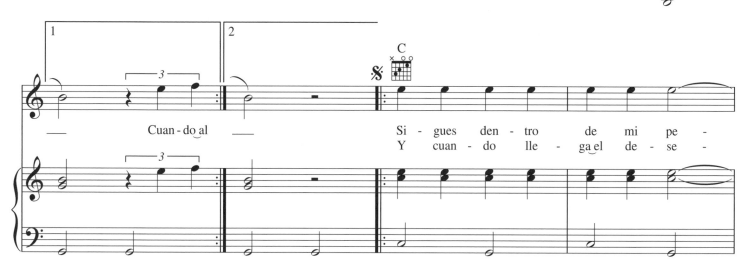

___   Cuan - do al ___
         Si - gues den - tro de mi pe -
         Y cuan - do lle - ga el de - se -

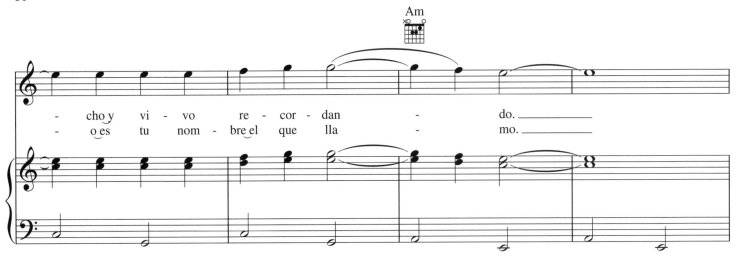

-cho y vi - vo re - cor - dan - do._____
-o es tu nom - bre el que lla - mo._____

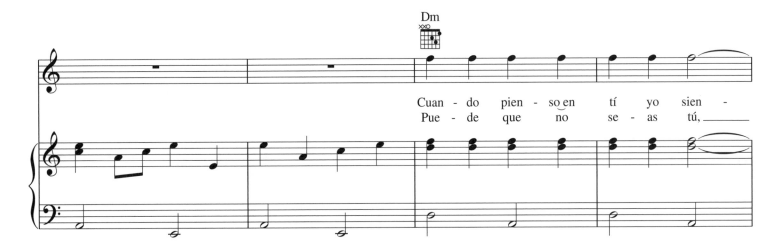

Cuan - do pien - so en tí yo sien -
Pue - de que no se - as tú,_____

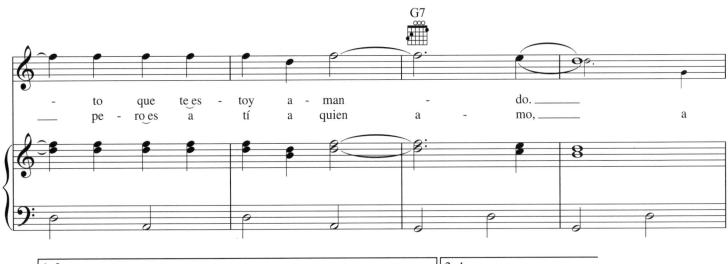

- to que te es - toy a - man - do._____
_____ pe - ro es a tí a quien a - mo,_____ a

tí a quien a - mo, ___

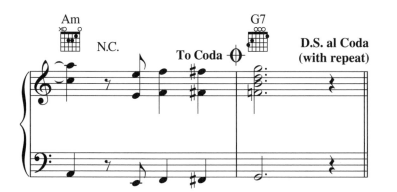

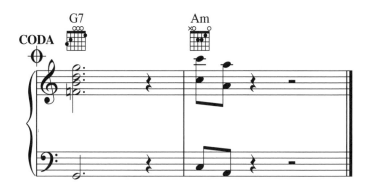

CUANDO EL AMOR SE DAÑA

Words and Music by
BONNY CEPEDA

Moderado rápido

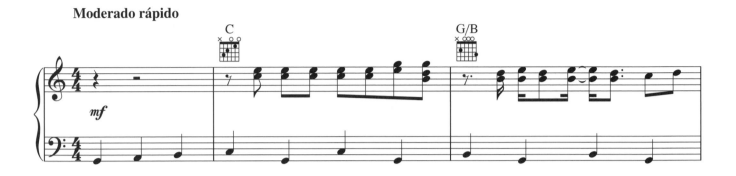

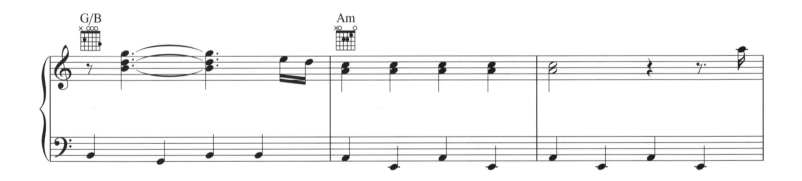

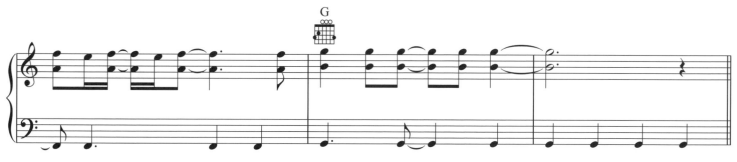

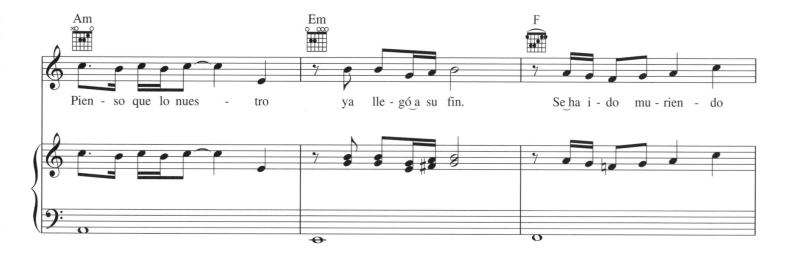

Pien - so que lo nues - tro ya lle - gó a su fin. Se ha i - do mu - rien - do

nues - tro a - mor. No sé co - mo de - cir - te que lo nues - tro se a - ca - bó.

Cuan - do el a - mor se da - ña es di - fí - cil de re - pa - rar - lo. Hay mu - chas he - ri - das

que no sa - na - rán, ____ que no ____ sa - na - rán. ____

Cuan-do el a - mor se da - ña es me - jor cam - biar - lo en vez de re - pa - rar -

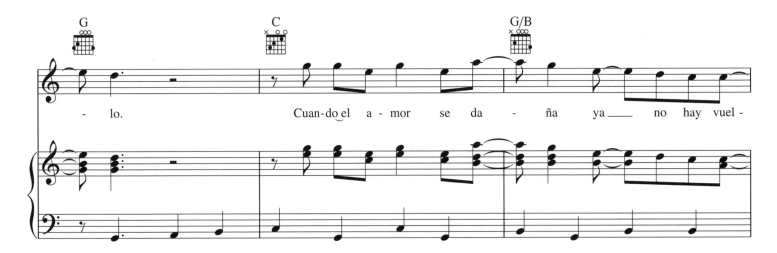

- lo. Cuan-do el a - mor se da - ña ya ____ no hay vuel -

- ta pa - ra a - trás. ____ Ya no hay so - lu - ción. ____

Es co-mo re - ci - bir_____ un dis - pa - ro di -

rec - to al co - ra - zón. _____ Cuan-do el a - mor se da -

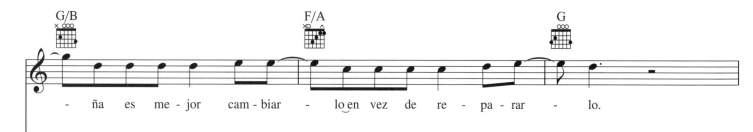

- ña es me - jor cam - biar - lo en vez de re - pa - rar - lo.

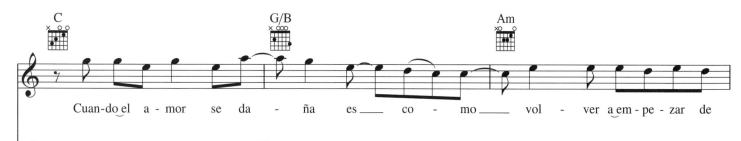

Cuan-do el a - mor se da - ña es_____ co - mo_____ vol - ver a em - pe - zar de

nue - vo.   Es tra - tar de re - vi - vir, _____   al -

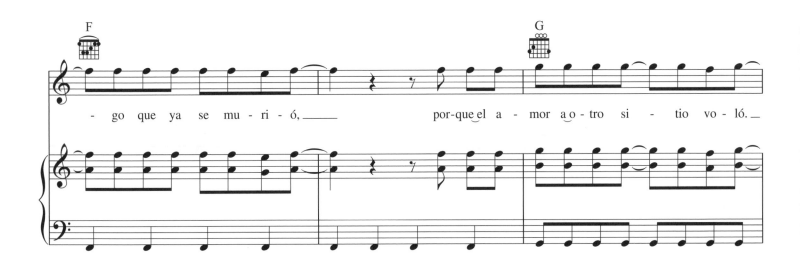

- go que ya se mu - ri - ó, _____   por-que el a - mor a o - tro si - tio vo - ló. _____

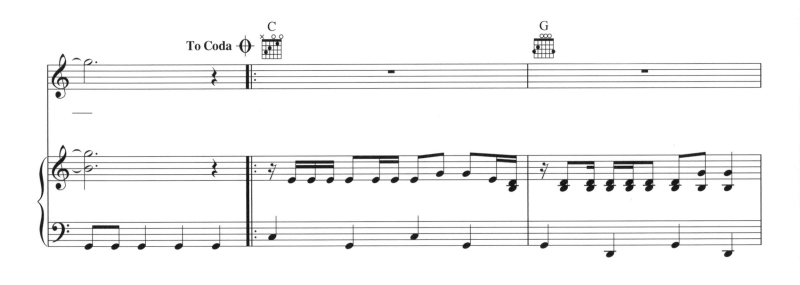

To Coda ⊕   C   G

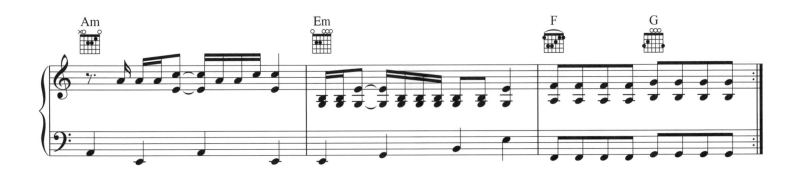

Am   Em   F   G

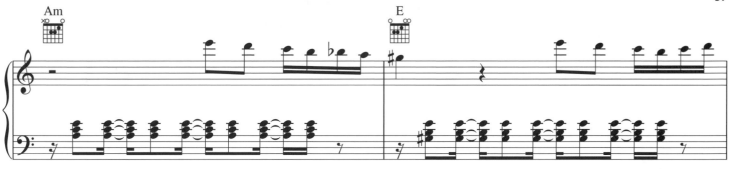

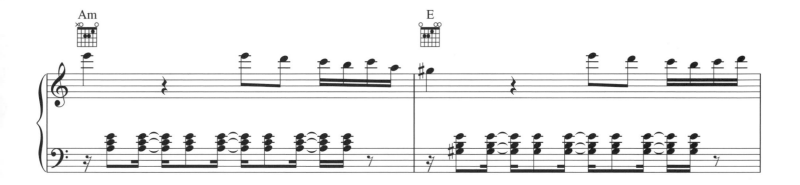

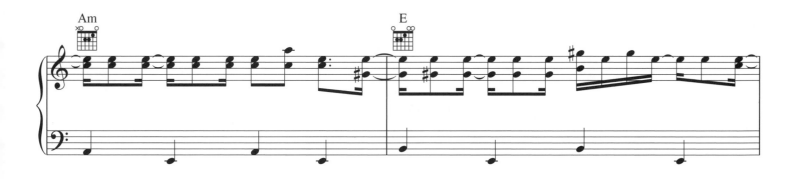

EL TIBURÓN

Words and Music by J. WILSON,
N. ZAPATA and P. DeJESUS

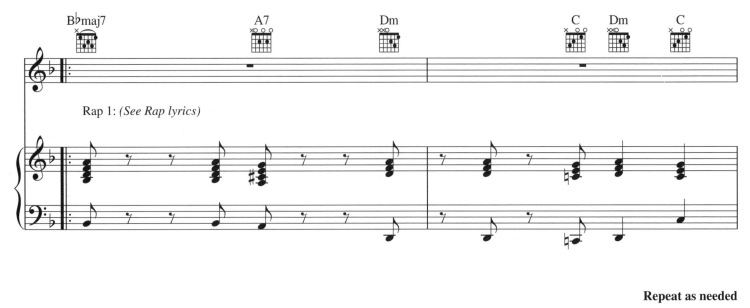

Rap 1: *(See Rap lyrics)*

Repeat as needed

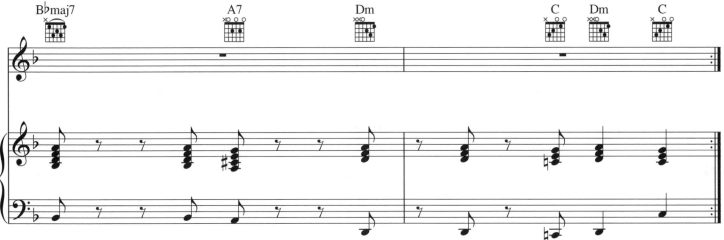

Rap Lyrics

Rap 1: Fui a la discoteca, a ver si me conseguía una fresca.
Got myself some rum 'cause where I'm from sometimes you need some.
Me tomé mi trago, y una princesa pasó por mi lado.
La miré con ganas, con esa carita de fama.
Ella miró (¡oh, sí!) Ella pasó (¡oh, no!)
Ella se voltió con una sonrisa.
Tengo que bailar con esa muñequita.
El D.J. puso "Brinca" y enseguida quise jalarla pa' la pista.
Y cuando llegué, ¡ay! llegó el tiburón y con él se me fue.

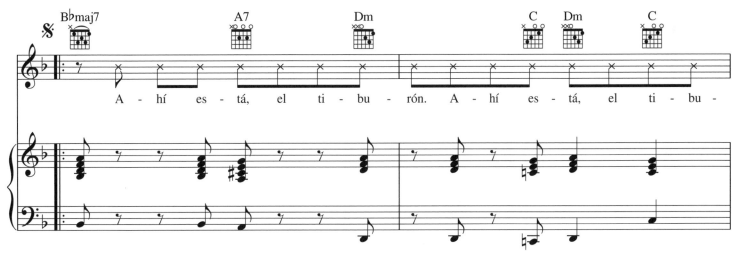

A - hí es - tá, el ti - bu - rón. A - hí es - tá, el ti - bu -

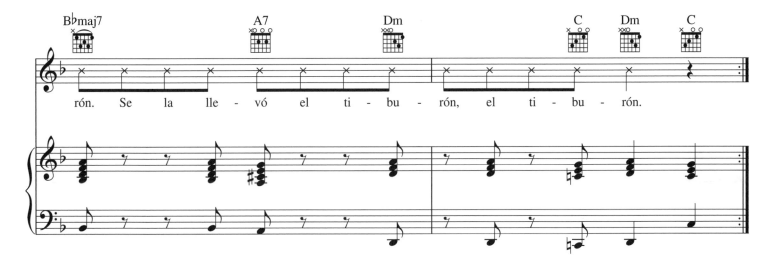

rón. Se la lle - vó el ti - bu - rón, el ti - bu - rón.

No pa - re, si - gue, si - gue. No pa - re, si - gue, si - gue.

To Coda ⊕

No pa - re, si - gue, si - gue. No pa - re, si - gue, si - gue.

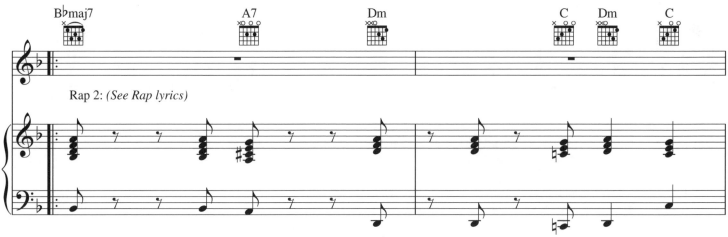

Rap 2: (See Rap lyrics)

Repeat as needed

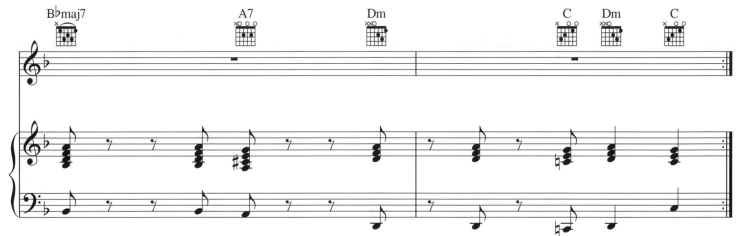

Rap Lyrics

Rap 2: Okey, ta'to'. Encontré otra chica que estaba mejor.
Bailamos tres merengues de corrido y gozamos.
Luego nos sentamos, ordenamos debidas y conversamos.
She looked good, so of course, I lied on my girl from the hood.
Ella preguntó si tenía novia y yo dije no.
Me quité el anillo, despacito me lo metí en el bolsillo.
Vino un descarado y me dijo: "¡Jo! ¿Tú no eres casado?"
Me quedé pasmado, y enseguida se la llevó de mi lado.
Oh, my God! Ese tiburón.
Oh! Si yo pensé que tú sabías que esto es Proyecto Uno...

D.S. al Coda
(with repeats)

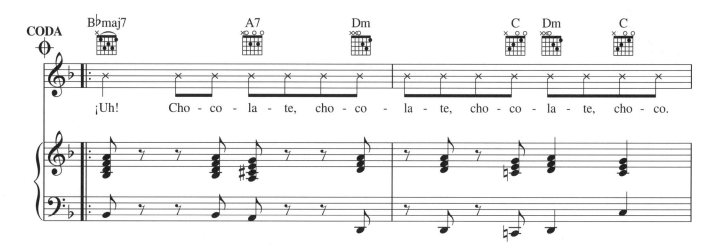

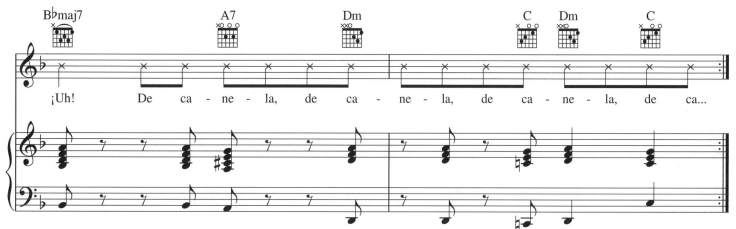

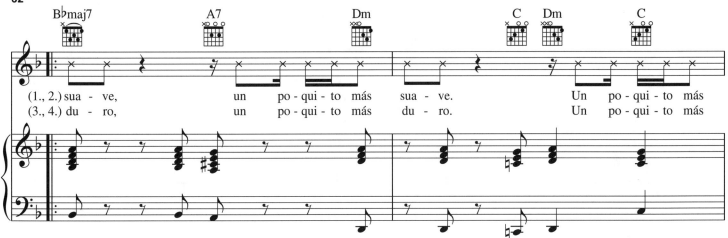

(1., 2.) sua - ve, un po-qui-to más sua - ve. Un po-qui-to más
(3., 4.) du - ro, un po-qui-to más du - ro. Un po-qui-to más

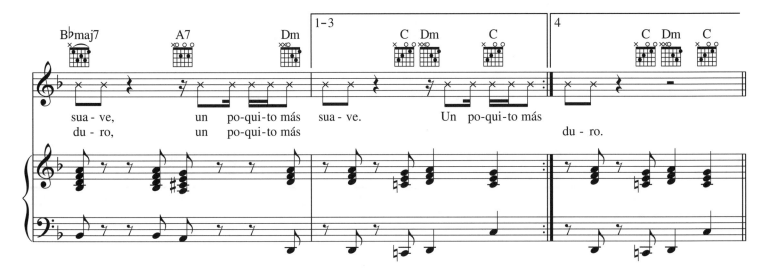

1–3

sua - ve, un po-qui-to más sua - ve. Un po-qui-to más
du - ro, un po-qui-to más

4

du - ro.

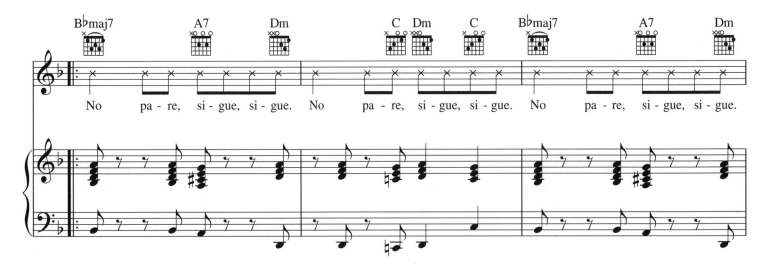

No pa - re, si - gue, si - gue. No pa - re, si - gue, si - gue. No pa - re, si - gue, si - gue.

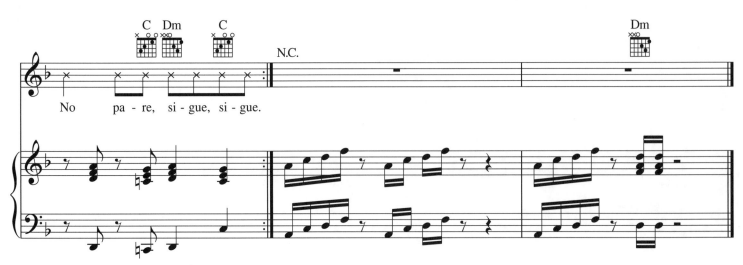

N.C.

No pa - re, si - gue, si - gue.

ENTRE TU CUERPO Y EL MÍO

Words and Music by
GUSTAVO MARQUEZ

Moderado rápido

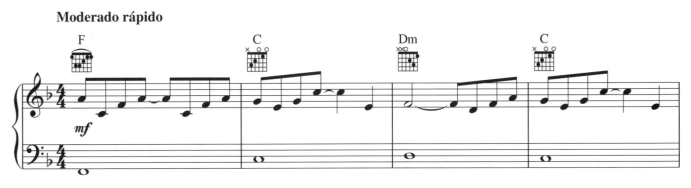

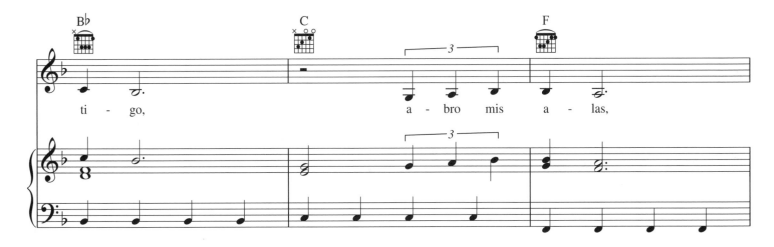

Só - lo con -

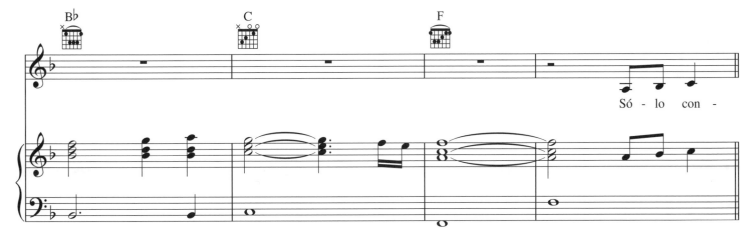

ti - go, a - bro mis a - las,

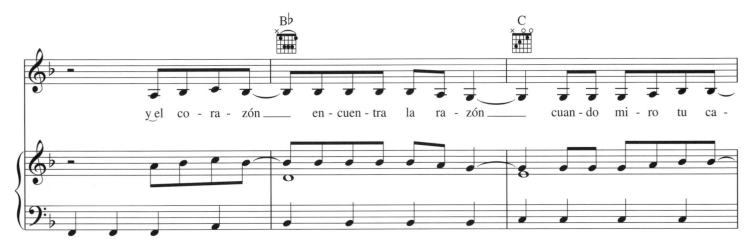

y el co - ra - zón ____ en - cuen - tra la ra - zón ____ cuan - do mi - ro tu ca -

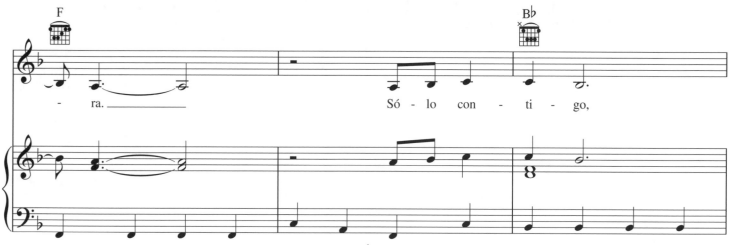

y es un mo - ti - vo pa - ra dar - te has-ta el al - ma. ___

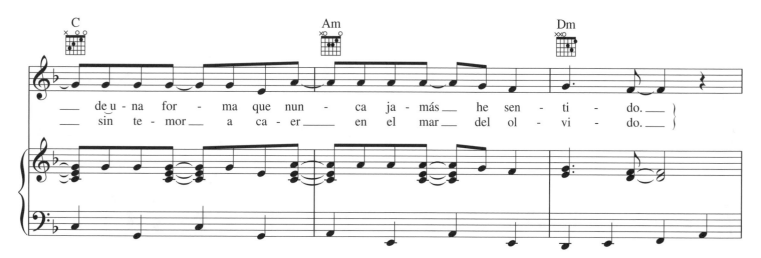

N.C.   F

Só - lo con - ti - go, ___ yo sien - to el a - mor ___
ti - go, ___ yo pue - do vo - lar ___

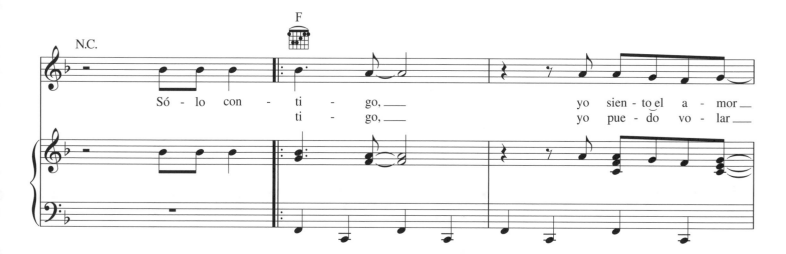

C   Am   Dm

___ de u - na for - ma que nun - ca ja - más ___ he sen - ti - do. ___ }
___ sin te - mor a ca - er ___ en el mar ___ del ol - vi - do. ___ }

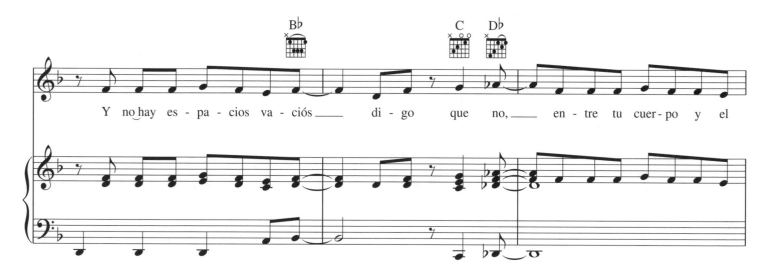

Bb   C Db

Y no hay es - pa - cios va - ciós ___ di - go que no, ___ en - tre tu cuer - po y el

mí - o, ____ to - do es co - no - ci - do. ____

1, 3 **2, 4**

Y_es que só - lo con - En - tre tu cuer-po y el mí - o. ____

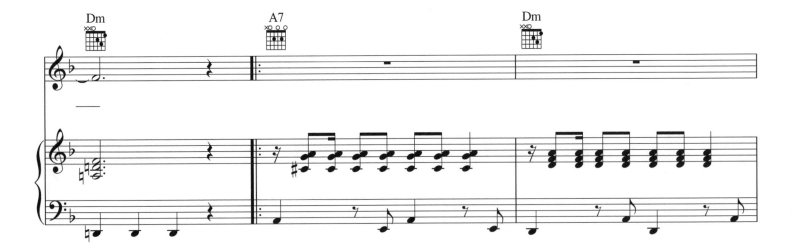

1 **2**

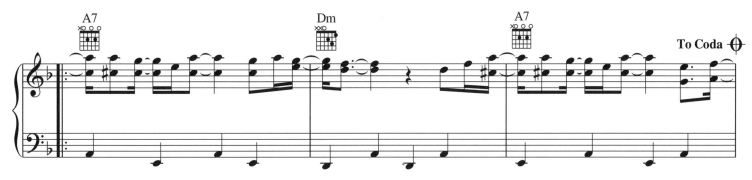

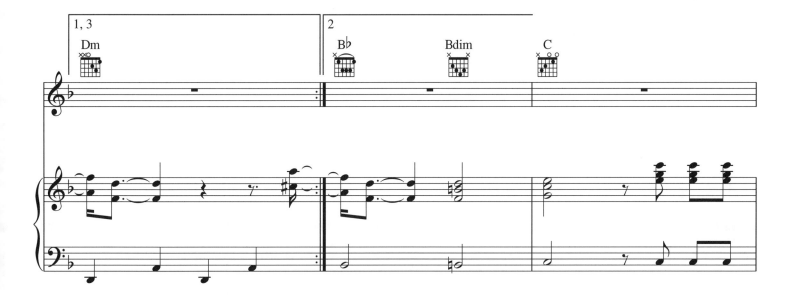

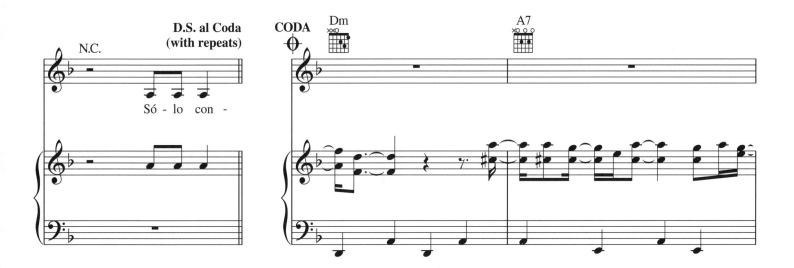

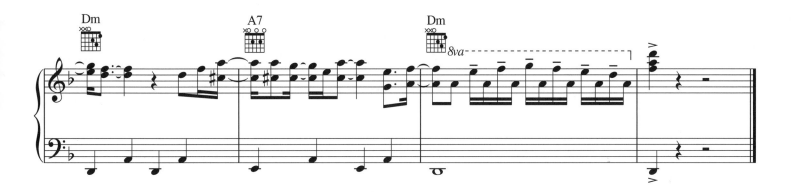

ES MENTIROSO

Words and Music by
RODOLFO BARRERAS

No ___ te

de - jes en - ga - ñar por lo que pa - re - ce her-mo - so. No te

___ de - jes en - ga - ñar ___ por lo ___ que pa - re - ce her-mo - so. El ___ a -

-mor no es só-lo se-xo, el a-mor no es só-lo go-zo. El a-

-mor no es só-lo se-xo, el___ a-mor no es só-lo go - zo.___

Que sí te quie-ro te di - ce. Que sin tí mue-ro te ha-bla.
-ro te di - ce. Que tú e-res to - do te ha-bla,

Que e-res mi vi - da te di-ce. Mil chu-le-rí - as te ha-bla.}
que me per-do - nes te di-ce. Que no lo vuel - ve a ha-cer.} Pa-

- la - bras, pa - la - bras, pa - la - bras no más. Pa - la -

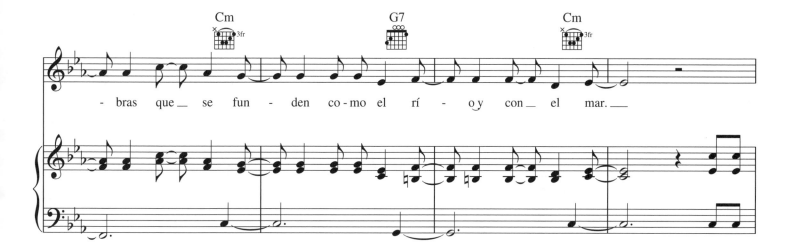

- bras que __ se fun - den co - mo el rí - o y con __ el mar. __

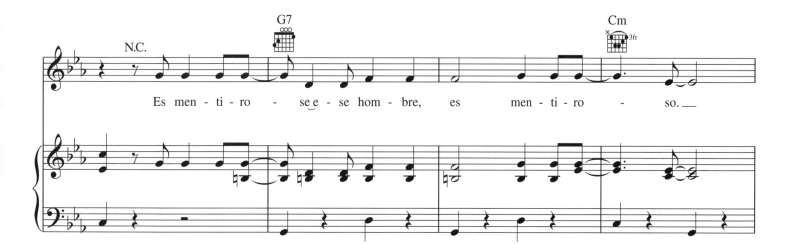

Es men - ti - ro - se e - se hom - bre, es men - ti - ro - so. __

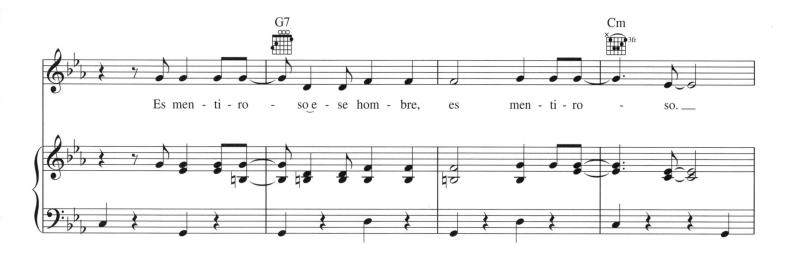

Es men - ti - ro - so e - se hom - bre, es men - ti - ro - so. __

Es men-ti-ro -- so e -- se hom-bre, es men-ti -- ro -- so.

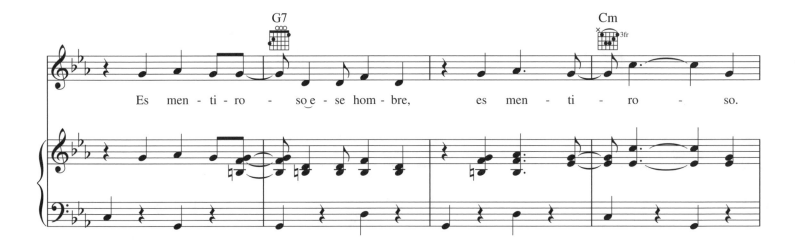

Es men-ti-ro -- so e -- se hom-bre, es men-ti -- ro -- so.

To Coda

U -- na

tie - ne que a - pren - der a mi - rar muy bien la co - sa. U - na

tie - ne que a - pren - der a mi - rar muy bien la co - sa. No __ te

de - jes en - ga - ñar por a - mor __ co - lor de ro - sa. No te__

__ de - jes en - ga - ñar __ por a - mor co - lor de ro - sa.

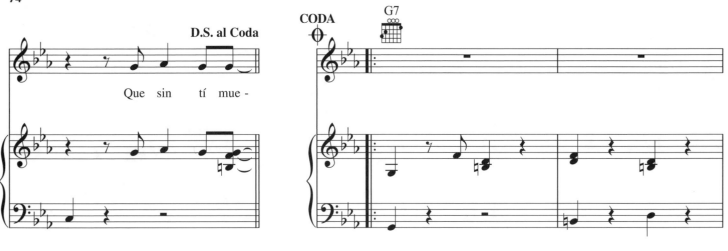

D.S. al Coda

Que sin tí mue -

CODA

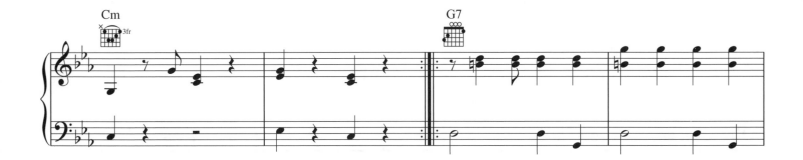

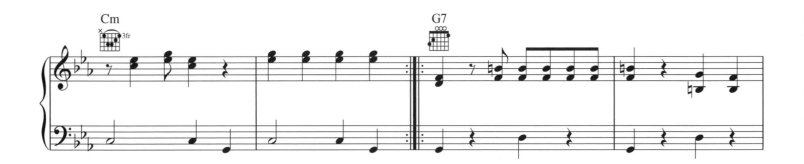

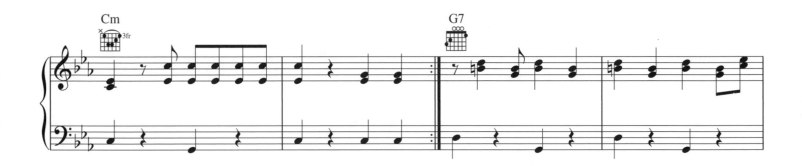

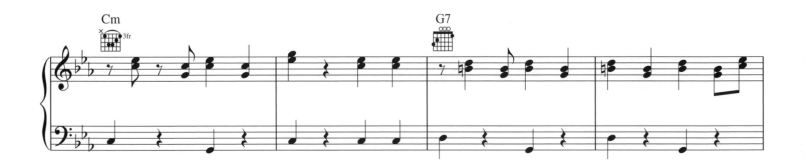

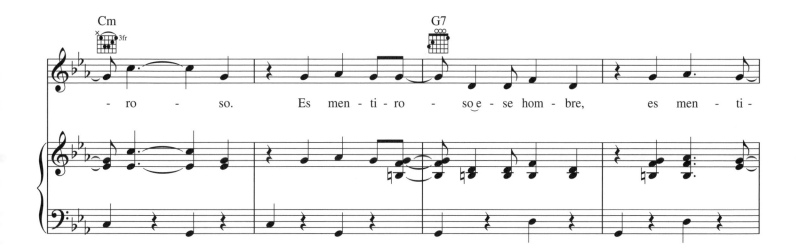

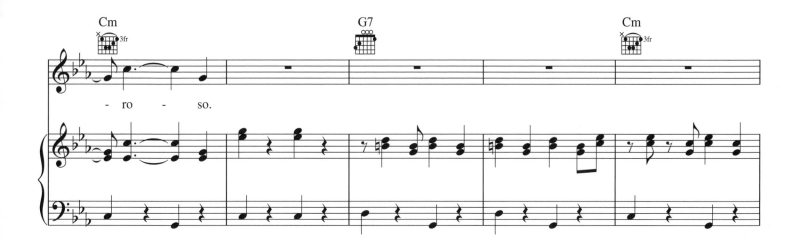

LA VENTANITA

Words and Music by
MICKEY TAVERAS

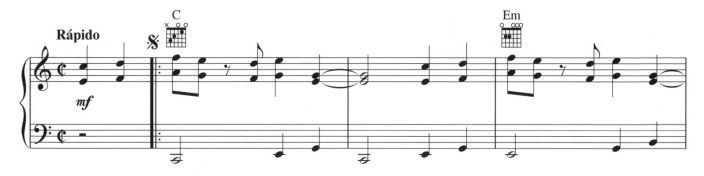

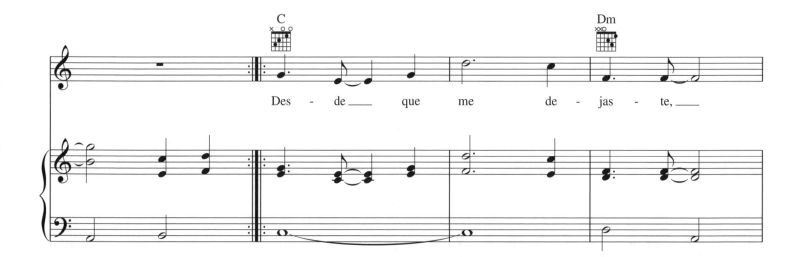

Des - de ___ que me de - jas - te, ___

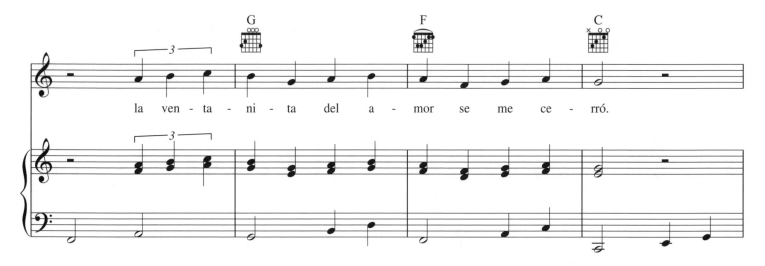

la ven - ta - ni - ta del a - mor se me ce - rró.

es co - mo u - na con - de - na. _____ Ten - go el _____ Es tan bo -

ni - to te - ner tu ca - ri - ño, que no soy na - da si no es - toy con -

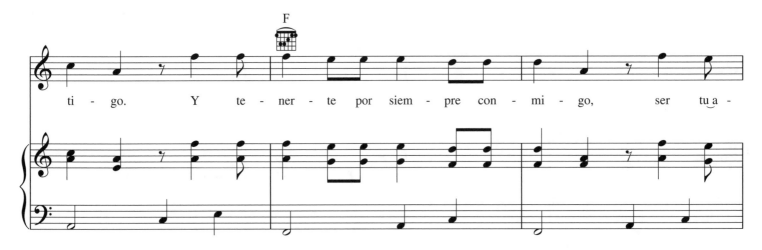

ti - go. Y te - ner - te por siem - pre con - mi - go, ser tu a -

bri - go en las no - ches de frí - o.
Ten - go el al - ma en pe - da - zos, _____

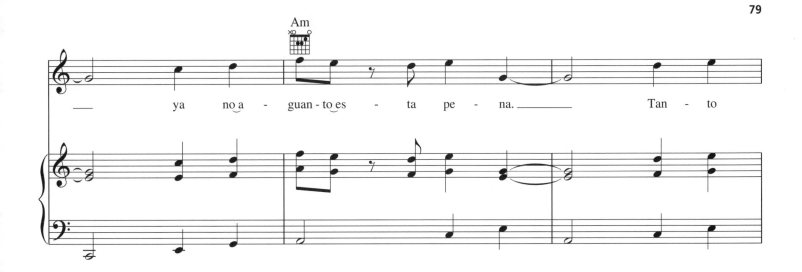

ya no a - guan-to es - ta pe - na._____ Tan - to

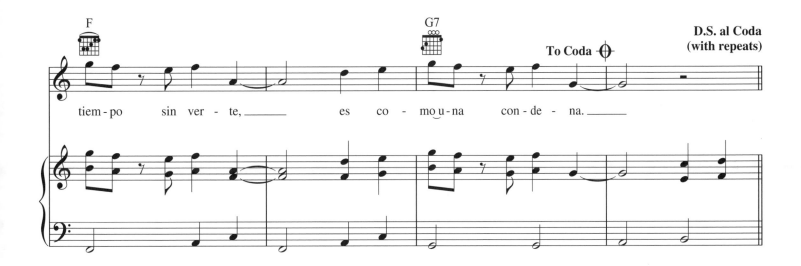

tiem - po sin ver - te,_____ es co - mo u - na con - de - na._____

D.S. al Coda
(with repeats)

To Coda ⊕

CODA ⊕

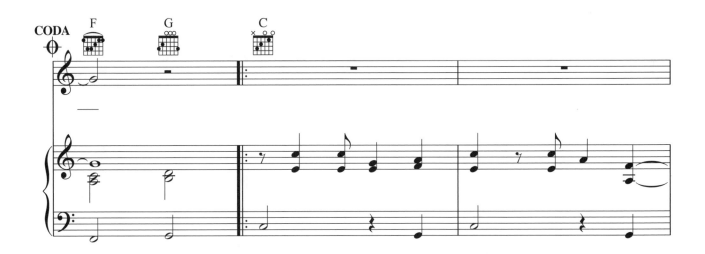

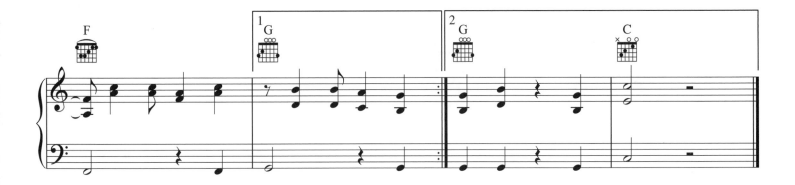

LINDA EH!

Words and Music by
ELVIS CRESPO

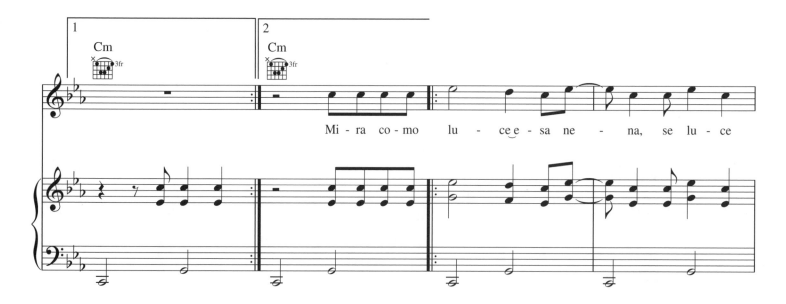

Mi - ra co - mo lu - ce e - sa ne - na, se lu - ce

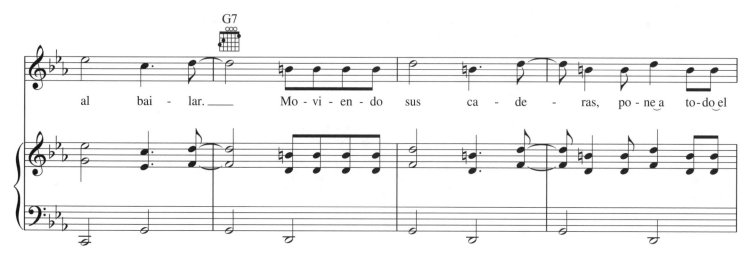

al bai - lar.___ Mo - vi - en - do sus ca - de - ras, po - ne a to - do el

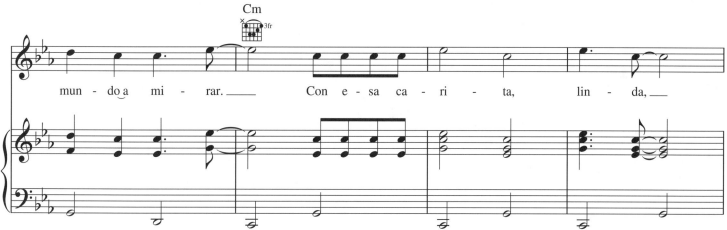

mun - do a mi - rar. ___ Con e - sa ca - ri - ta, lin - da, ___

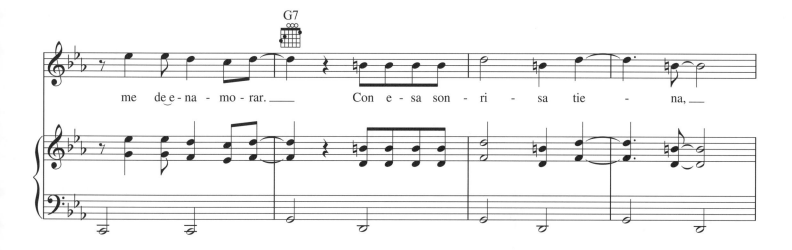

me de e - na - mo - rar. ___ Con e - sa son - ri - sa tie - na, ___

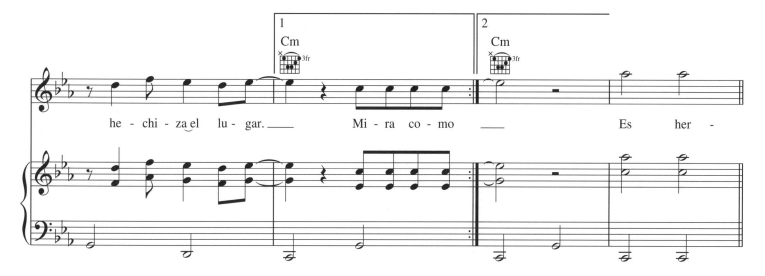

he - chi - za el lu - gar. ___ Mi - ra co - mo ___ Es her -

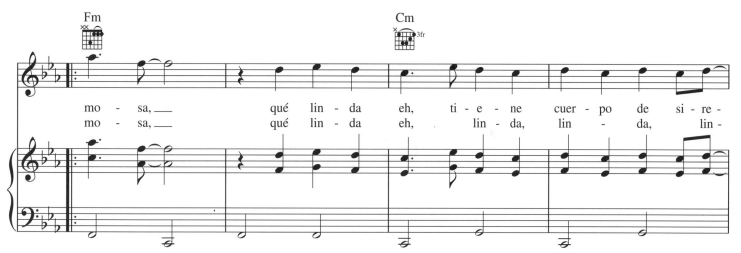

mo - sa, ___ qué lin - da eh, tie - ne cuer - po de si - re -
mo - sa, ___ qué lin - da eh, lin - da, lin - da, lin -

(Lin - da eh)   qué lin - da   eh,   (Lin - da eh)   ay qué be - lla
(Lin - da eh)   eh   eh   eh   (Lin - da eh)   eh eh eh
(Lin - da eh)   den - tro de mi men - te, (Lin - da eh)   pa - san mu - chas

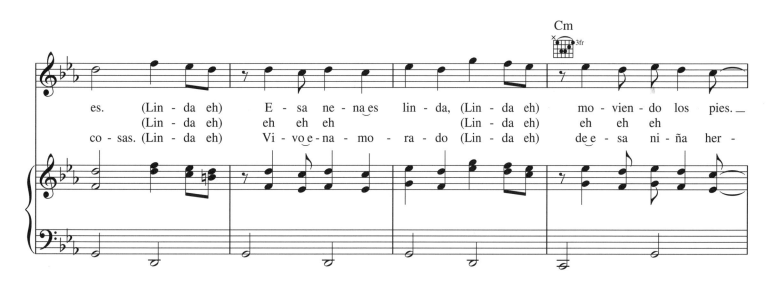

es. (Lin - da eh)   E - sa ne - na es linda, (Lin - da eh)   mo - vien - do los pies. _
    (Lin - da eh)   eh eh eh   (Lin - da eh)   eh eh eh
co - sas. (Lin - da eh)   Vi - vo e - na - mo - ra - do (Lin - da eh)   de e - sa ni - ña her -

_   (Lin - da eh)   Lin - da,   (Lin - da eh)   Lin - da y be - lla. _
    (Lin - da eh) pe - ro qué bo - ni - ta y   chu - la, (Lin - da eh)   pe - ro qué bo - ni - ta y
mo - sa (Lin - da eh) pe - ro qué bo - ni - ta y   chu - la, (Lin - da eh)   pe - ro qué bo - ni - ta y

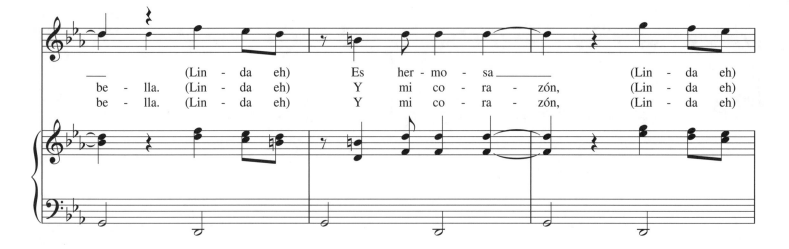

(Lin - da eh) Es her - mo - sa _____ (Lin - da eh)
be - lla. (Lin - da eh) Y mi co - ra - zón, (Lin - da eh)
be - lla. (Lin - da eh) Y mi co - ra - zón, (Lin - da eh)

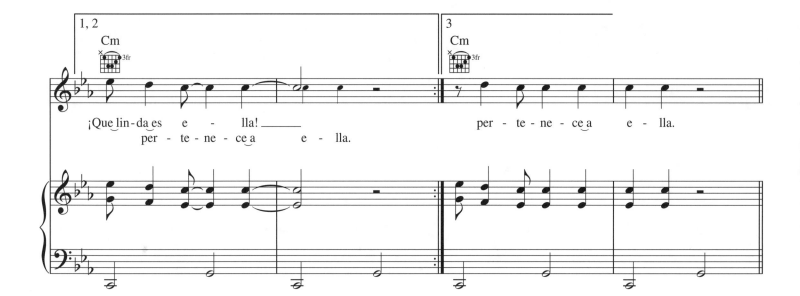

1, 2
Cm

3
Cm

¡Que lin - da es e - lla! _____
per - te - ne - ce a e - lla.
per - te - ne - ce a e - lla.

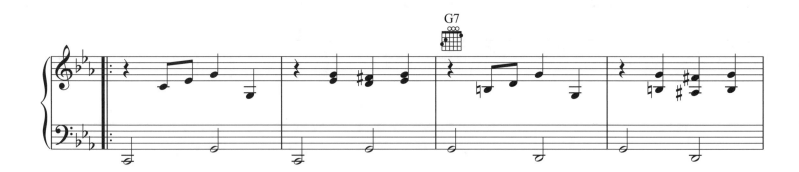

G7

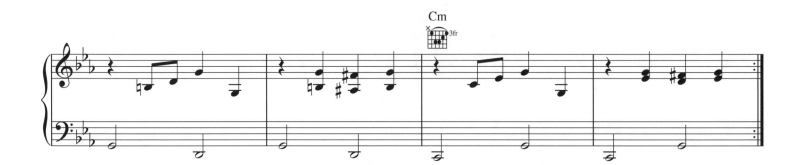

Cm

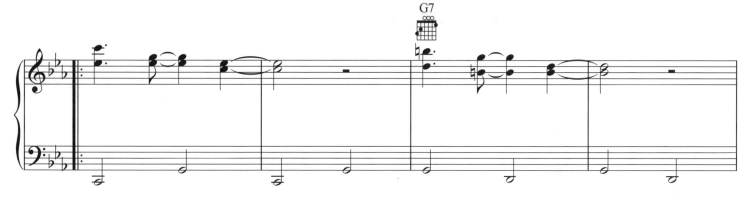

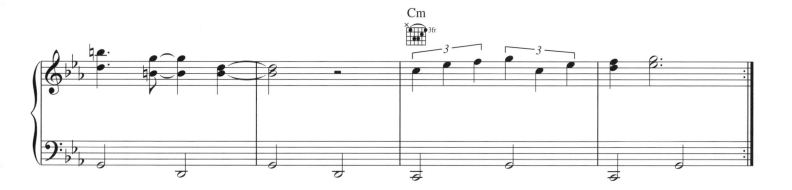

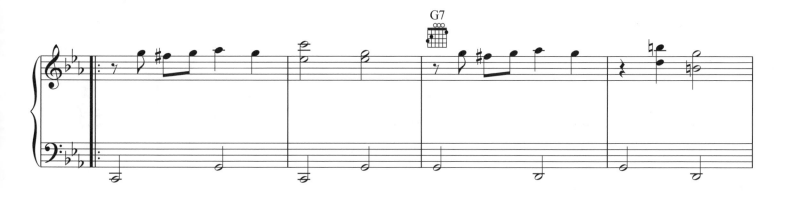

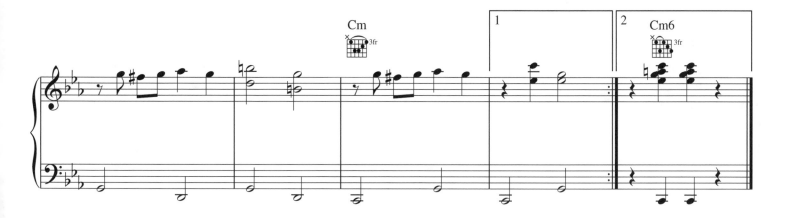

ME MIRAS Y TE MIRO

Words and Music by
OSCAR SERRANO

Me mi-ras y te mi-ro y nos___ que-da-mos mi-ran-

-do, al po-co ra-to di-go me es-toy en-a-mo-ran-

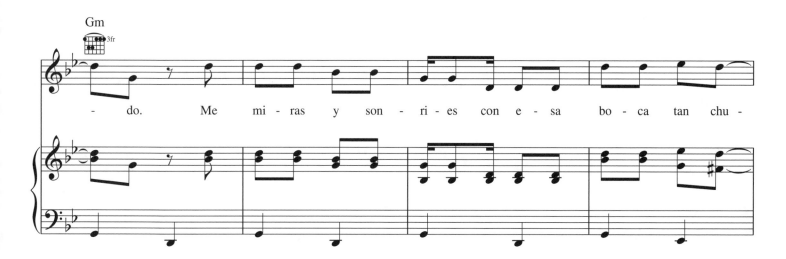

-do. Me mi-ras y son-ri-es con e-sa bo-ca tan chu-

-la, que es-toy e-na-mo-ra-do, de e-so no ca-be du-

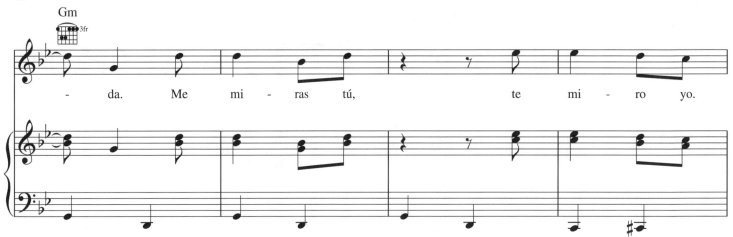

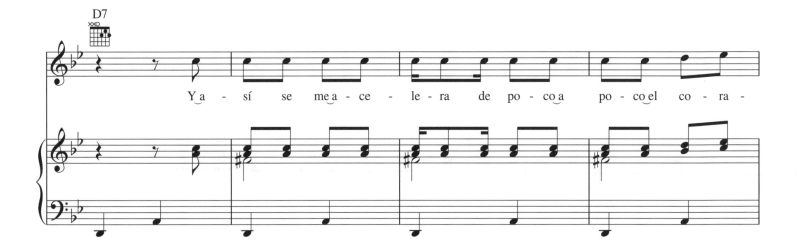

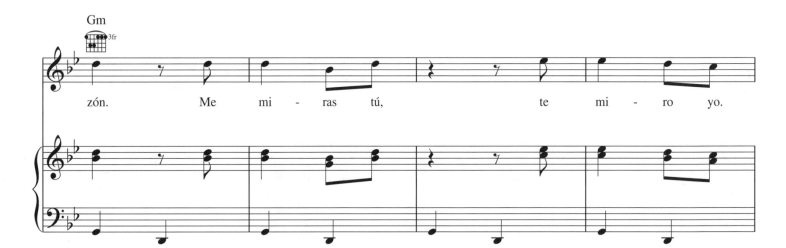

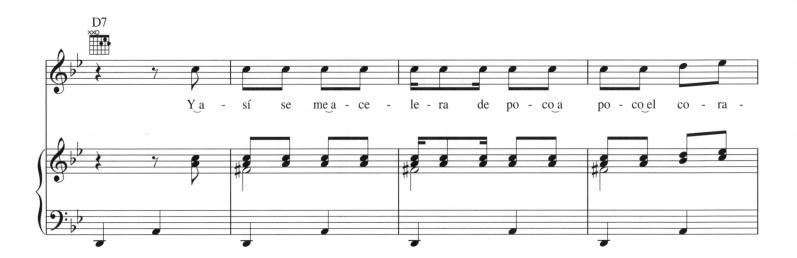

zón. Me zón. Me mi - ras y te mi - ro, y nos que -
mi - ras y te mi - ro, có - mo me

da - mos mi - ran - do. Me mi - ras y te mi - ro, y me es - toy
gus - ta mi - rar - te. Me mi - ras y te mi - ro, ¡Ay! Yo qui -

en - a - mo - ran - do. Me mi - ras y te mi - ro, ¡eh!
sie - ra be - sar - te. Me mi - ras y te mi - ro, con e -

¡eh! có - mo me gus - ta. Me mi - ras y te mi - ro, ¡eh!
sa bo - ca tan chu - la. Me mi - ras y te mi - ro, que a mí e - so

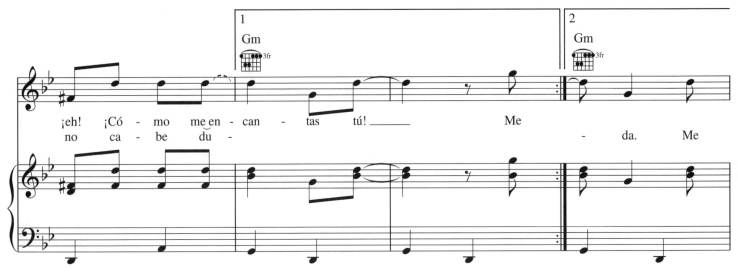

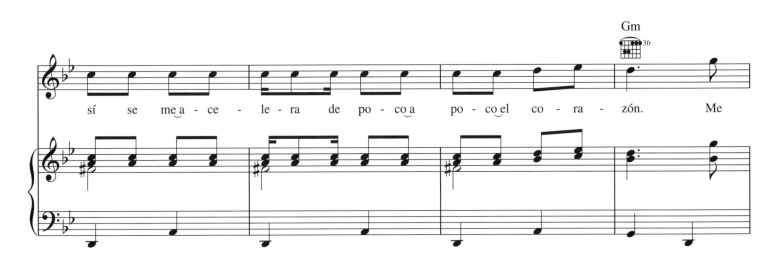

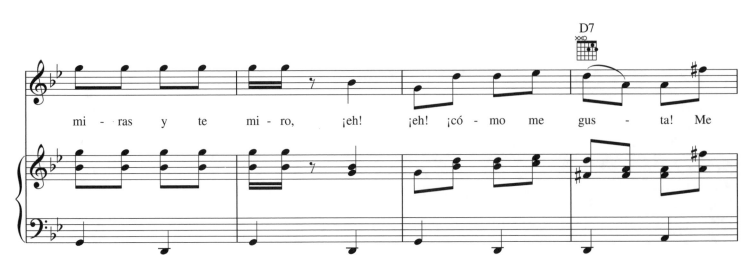

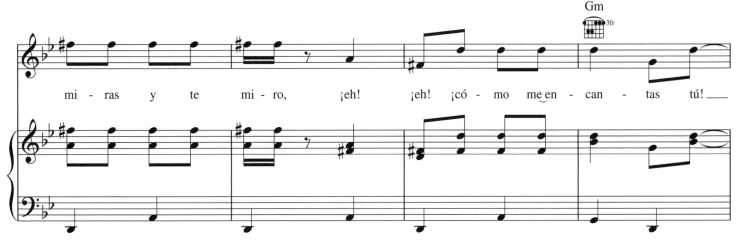

mi - ras y te mi - ro, ¡eh! ¡eh! ¡có - mo me en - can - tas tú! ___

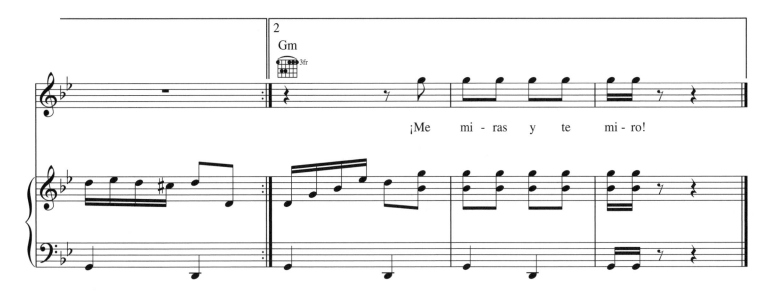

¡Me mi - ras y te mi - ro!

MERENGUERO HASTA LA TAMBORA

Words and Music by
JOSEITO MATEO

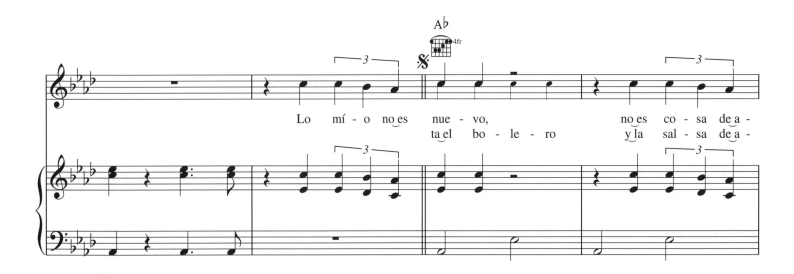

Lo mí-o no es nue-vo, no es co-sa de a-
ta el bo-le-ro y la sal-sa de a-

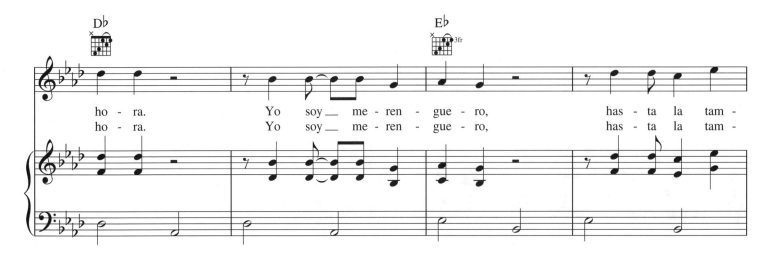

ho-ra. Yo soy me-ren-gue-ro, has-ta la tam-
ho-ra. Yo soy me-ren-gue-ro, has-ta la tam-

bo - ra. Lo mí - o no es nue - vo, no es co - sa de a-
bo - ra. Me gus - ta el bo - le - ro la sal - sa de a-

ho - ra. Yo soy__ me - ren - gue - ro, has - ta la tam-
ho - ra. Yo soy__ me - ren - gue - ro, has - ta la tam-

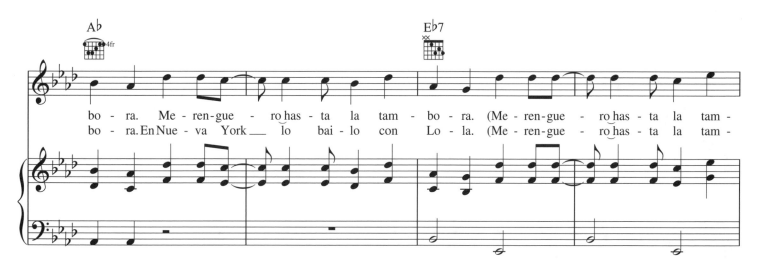

bo - ra. Me - ren - gue - ro has - ta la tam - bo - ra. (Me - ren - gue - ro has - ta la tam-
bo - ra. En Nue - va York__ lo bai - lo con Lo - la. (Me - ren - gue - ro has - ta la tam-

bo - ra.) A bai - lar__ con gui - ra y tam - bo - ra. (Has - ta la tam-
bo - ra.) Ay e - lla bai - la por - que__ no es bo - ba. (Has - ta la tam-

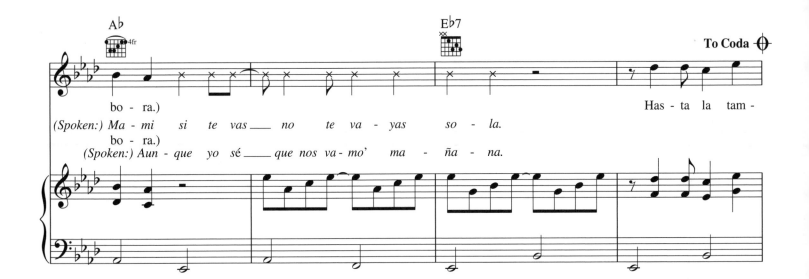

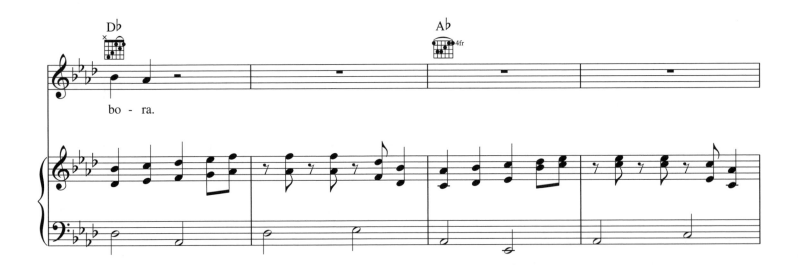

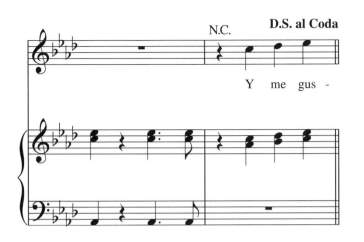
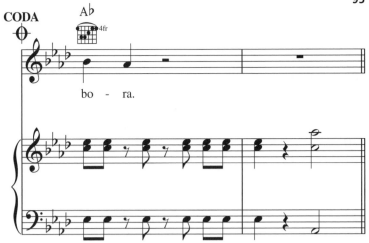

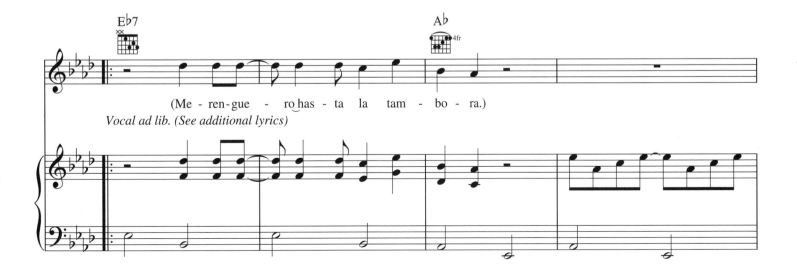

(Has - ta la tam - bo - ra.)

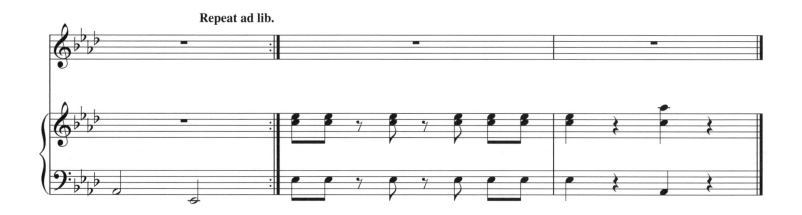

Repeat ad lib.

Additional Lyrics

En Venezuela ya está de moda
(Merenguero hasta la tambora)
Ser merenguero hasta la tambora
(Hasta la tambora)
Y en Panama la gente de ahora
(Merenguero hasta la tambora)
Como en Costa Rica son bailadora
(Hasta la tambora)
Y allá en Miami dicen ahora
(Merenguero hasta la tambora)
Que lo ha tocado hasta La Sonora
(Hasta la tambora)
Y lo bailaban con Isadora
(Merenguero hasta la tambora)
¡Ay! Esta negrona tan bailadora
(Hasta la tambora)
Y hasta Colombia lo baila ahora
(Merenguero hasta la tambora)
Que el Grupo Niche no se incomoda
(Hasta la tambora)

MI REINA

Words and Music by
ORLANDO SANTANA

Ten - go u - na mu - cha - chi - ta que es - tá bien bue - na, _____

_____ es co - mo flor her - mo - sa con su me - le - na. _____

Tie - ne los o - jos gran - des, son ver - de - ci - tos, ___

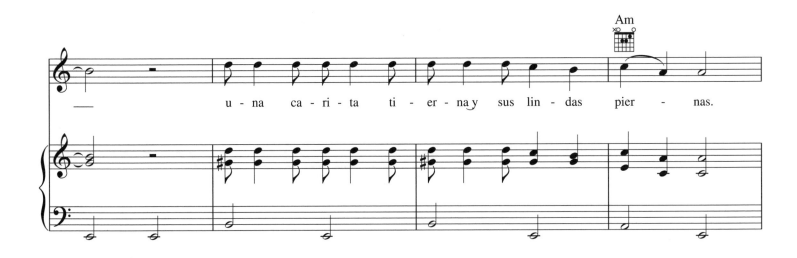

___ u - na ca - ri - ta ti - er - na y sus lin - das pier - nas.

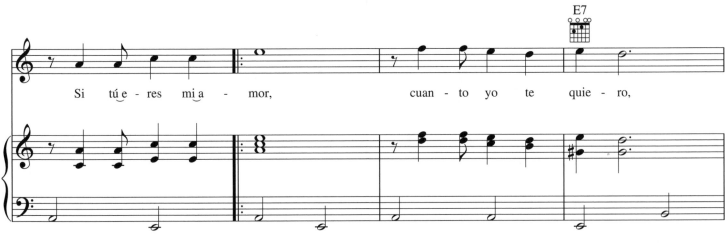

Si tú e - res mi a - mor, cuan - to yo te quie - ro,

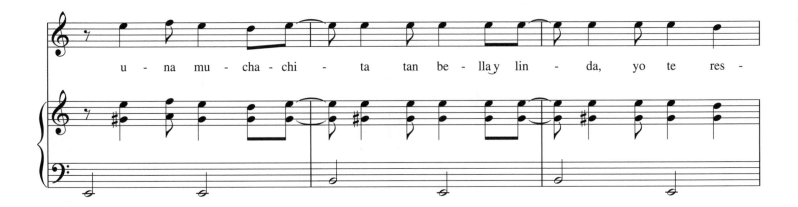

u - na mu - cha - chi - ta tan be - lla y lin - da, yo te res -

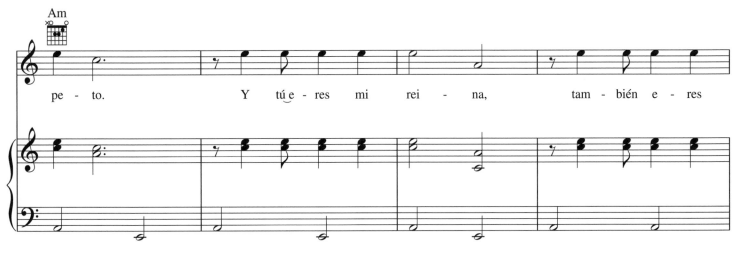

pe - to. Y tú e - res mi rei - na, tam - bién e - res

due - ña, de mis sen - ti - mien - tos y mi co - ra - zón___ pa - ra ti es en -

te - ro.___

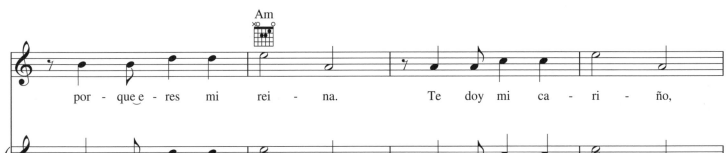

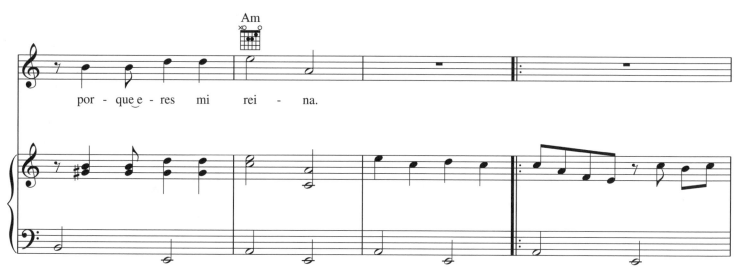

por - que e - res mi rei - na.

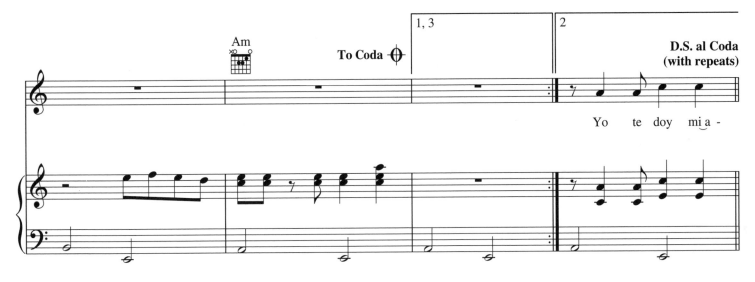

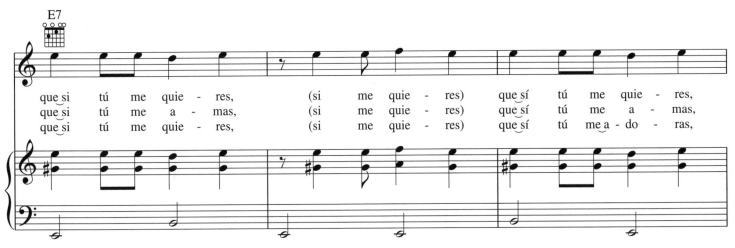

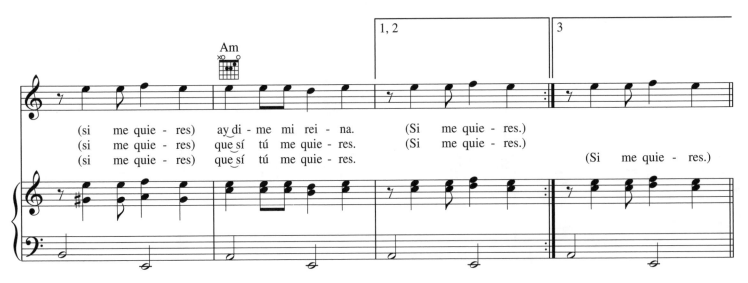

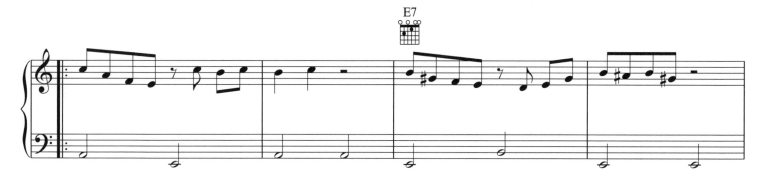

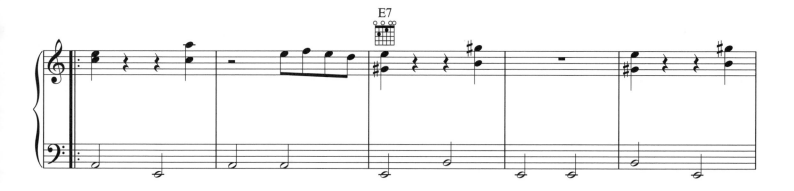

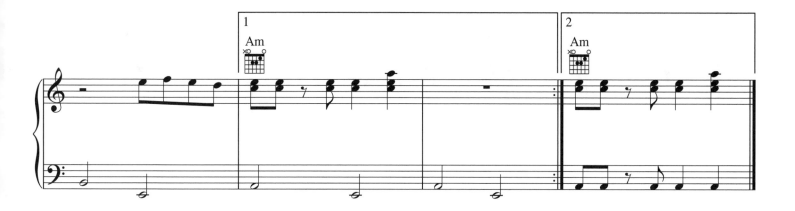

NADIE SE MUERE

Words and Music by
ORLANDO SANTANA

Lyrics:
Na - die se mue - re por un a - mor ___ que no le con -
vie - ne, ___ na - die se mue - re, na - die se mue -

-po se ol - vi - da. Na - die se mue - re por un a - mor____ que te haya tron - cha-
-do com - pa - sión. Na - die se mue - re por un a - mor____ que a te ha he - cho su-

-do tu vi - da, que te ha - bla mu - chas men - ti - ras, e - so con el
frir tu co - ra - zón, que de lá - gri - mas____ y tu do - lor nun - ca e - lla ha te-

To Coda

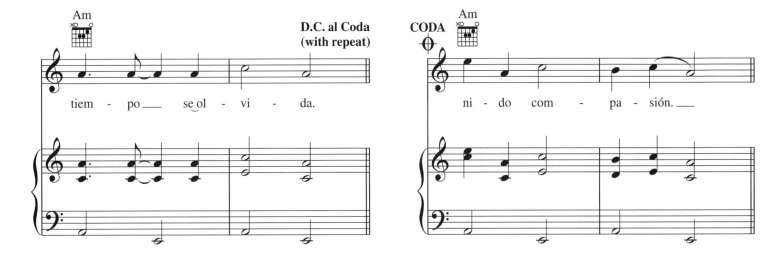

**D.C. al Coda
(with repeat)**

tiem - po____ se ol - vi - da.

CODA

ni - do com - pa - sión.____

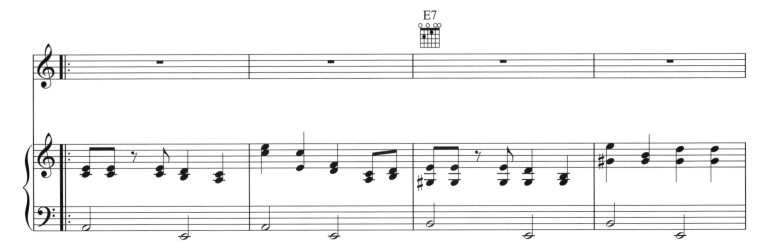

¿Quién es - tá su - frien - do, ___ ¡Ay! por un a - mor? ___
se - jo, ___ ol - ví - da - te de e - so,

¡Ay! ¿Quién le es-ta do-lien-do a-ho-ra, ¡Ay! en el co-ra-zón?

por-que hay per-so-nas en la vi-da que te es-tán que-rien-do.

1 Te doy un con-

2 Na-die se mue-re, na-die se mue-

-re, na-die se mue-re, na-die se mue-

-re.

Na - die se mue -

NIÑA BONITA

Words and Music by
OSCAR SERRANO

El a-mor de mi ni-ña bo-ni-ta mi vi-da lle - na,

mi vi-da lle - na, mi vi-da lle - na.

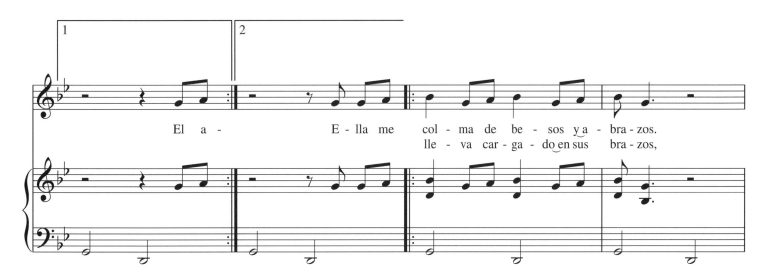

El a-
E - lla me col - ma de be - sos y a - bra-zos.
lle - va car - ga - do en sus bra - zos,

Mi se - ña en el la - do es e - lla, y se no voy a____ ne - gar - lo.
por el mun - do del____ a - mor____ ¡Que fe - liz me sien - to yo,____

Que la vi-da un___ me lle-na.
de que só-lo a mí___ me quie-ra!

1 E-lla me
2 Con e-lla me sien-to en el ai-re, no

pue-do pen-sar en más na-die, por que to-da mil vi-da la lle-na con tan-to a-

mor, con___ tan-to a- mor.___

To Coda

El a-

mor de mi ni - ña bo - ni - ta mi vi - da lle - na, mi vi - da

lle - na, mi vi - da lle - na. El a -

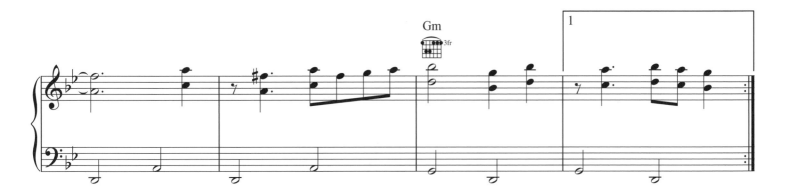

E - lla me col - ma de be - sos y a - bra - zos (mi ni - ña)

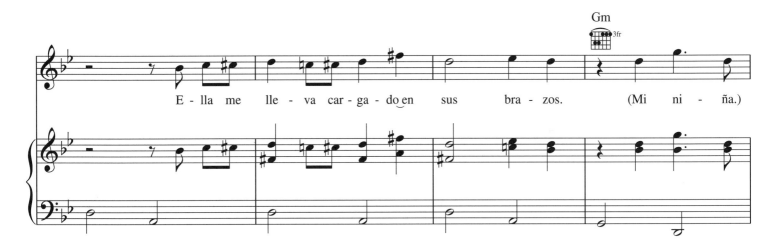

E - lla me lle - va car - ga - do en sus bra - zos. (Mi ni - ña.)

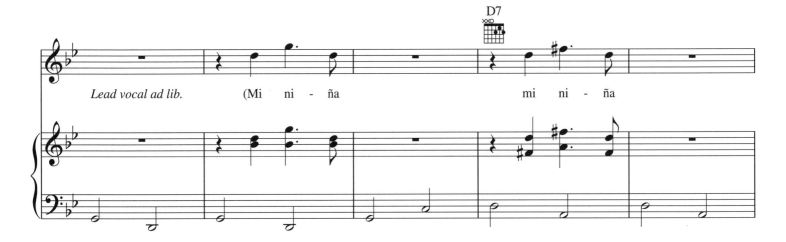

Lead vocal ad lib. (Mi ni - ña mi ni - ña

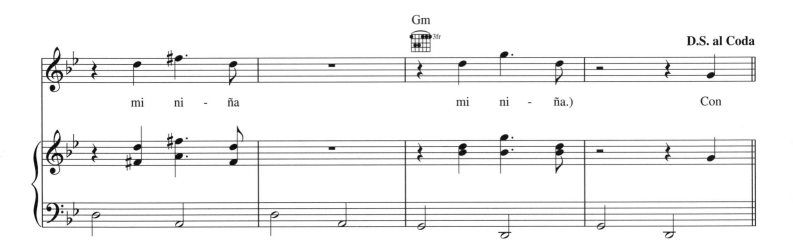

mi ni - ña mi ni - ña.) Con

CODA

Gm   **D7**

mor de mi ni - ña bo - ni - ta mi vi - da lle - na, mi vi - da

Gm

lle - na, mi vi - da lle - na. El a -

1

2   **D7**

N.C.   **Gm6**

NO ME DIGAS QUE NO

Words and Music by
ORLANDO SANTANA

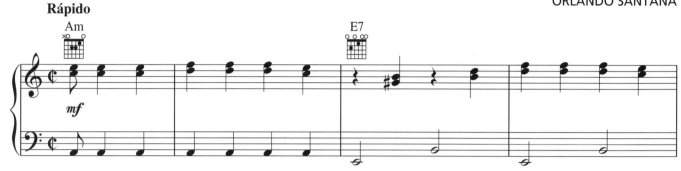

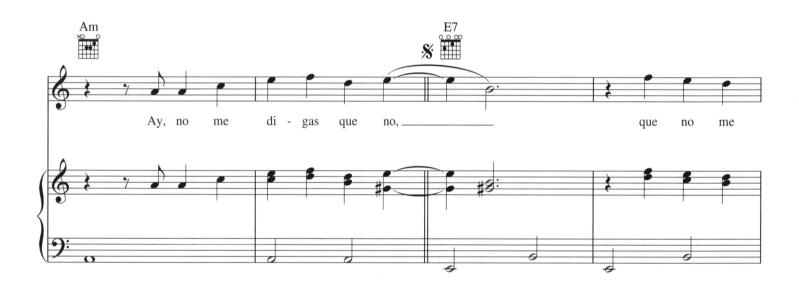

Ay, no me di - gas que no, _____ que no me

quie - res. Ay, no me di - gas que no, _____ que no me

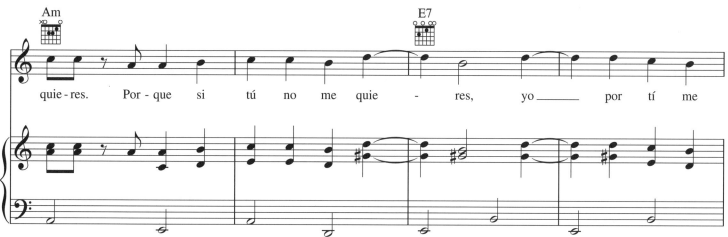

quie - res. Por - que si tú no me quie - res, yo_____ por tí me

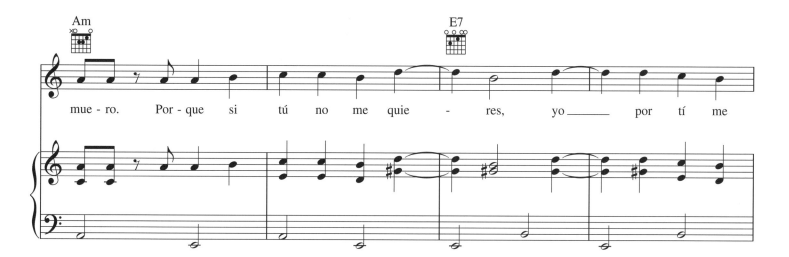

mue - ro. Por - que si tú no me quie - res, yo_____ por tí me

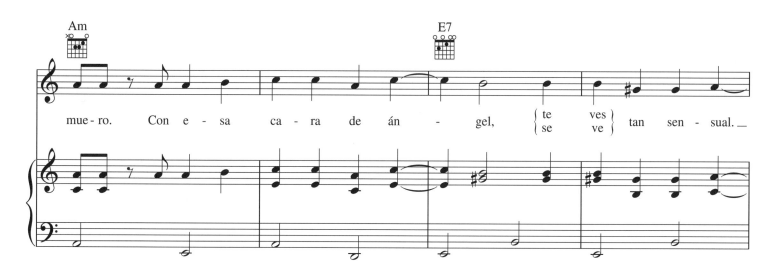

mue - ro. Con e - sa ca - ra de án - gel, { te ves / se ve } tan sen - sual._____

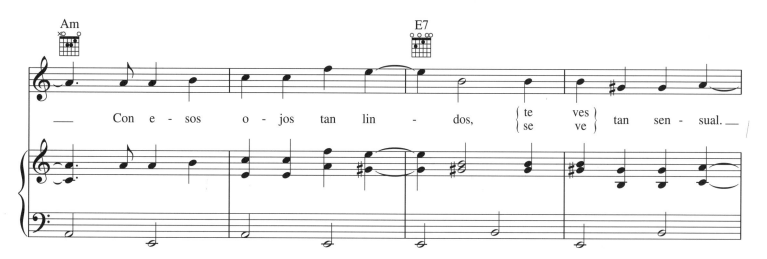

_____ Con e - sos o - jos tan lin - dos, { te ves / se ve } tan sen - sual._____

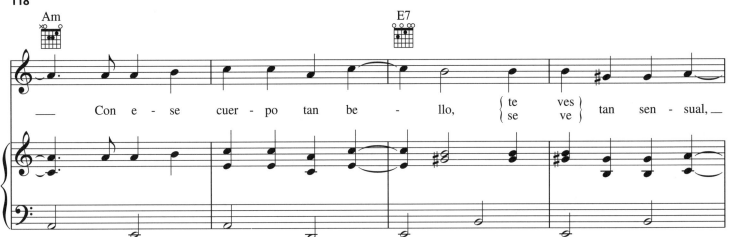

Con e-se cuer-po tan be - llo, { te ves / se ve } tan sen-sual, __

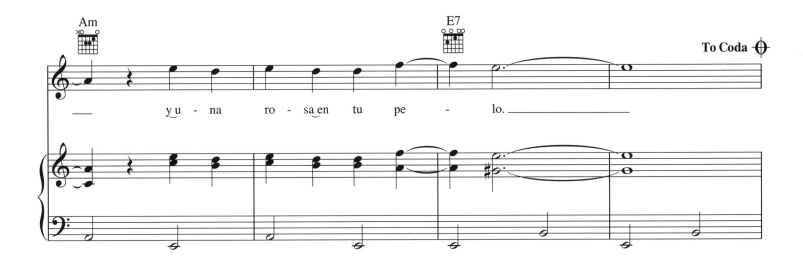

y u - na ro-sa en tu pe - lo. _____

To Coda ⊕

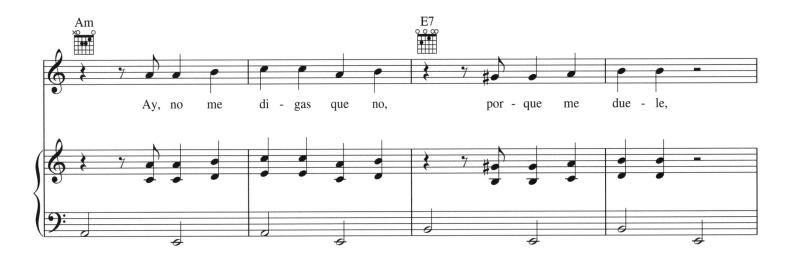

Ay, no me di-gas que no, por-que me due-le,

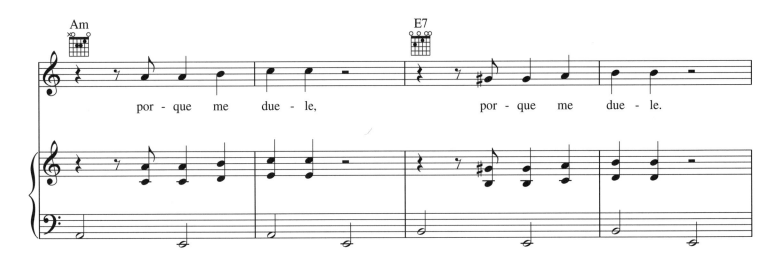

por - que me due - le, por - que me due - le.

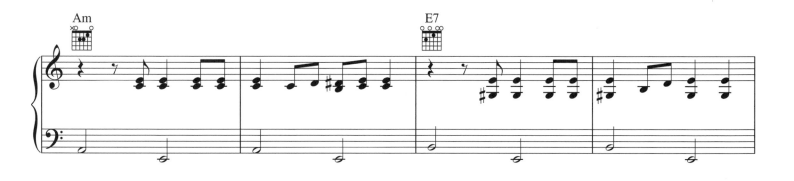

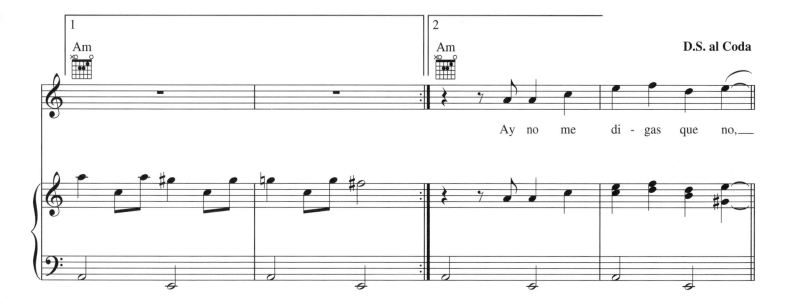

Ay no me di - gas que no,___

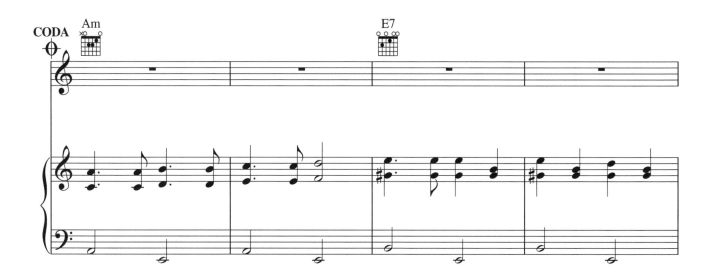

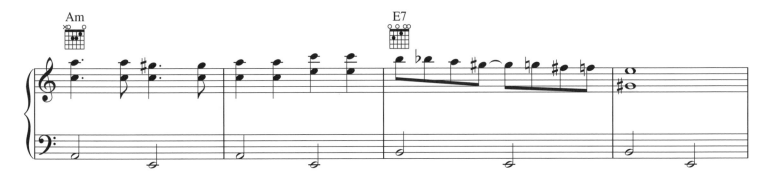

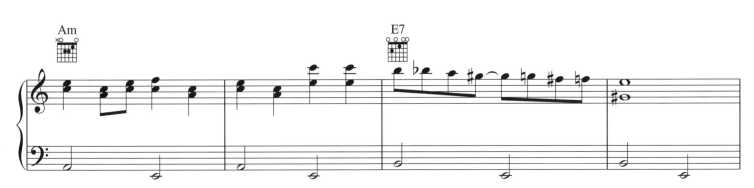

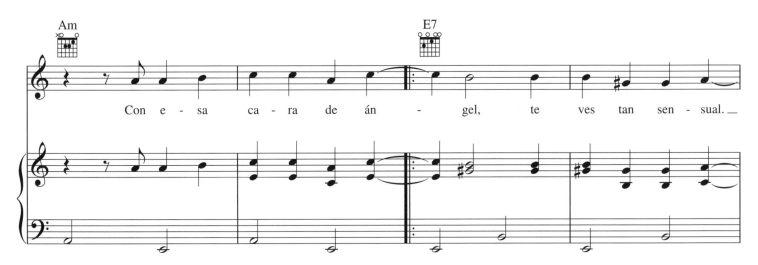

Con e - sa ca - ra de án - gel, te ves tan sen - sual.

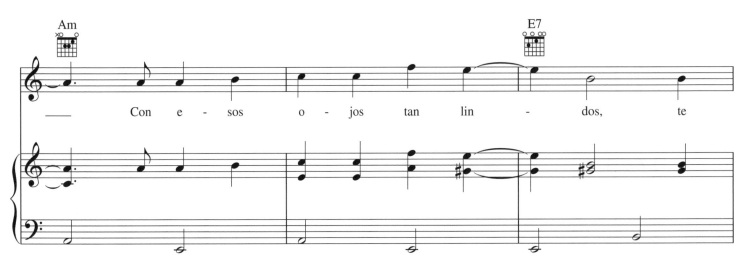

___ Con e - sos o - jos tan lin - dos, te

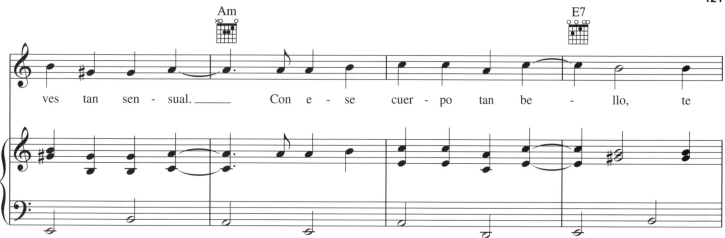

ves tan sen - sual._____ Con e - se cuer - po tan be - llo, te

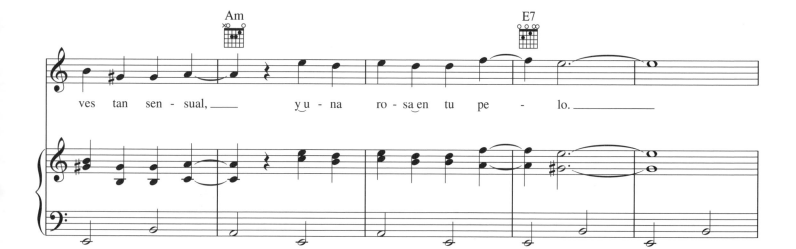

ves tan sen - sual,_____ y u - na ro - sa en tu pe - lo._____

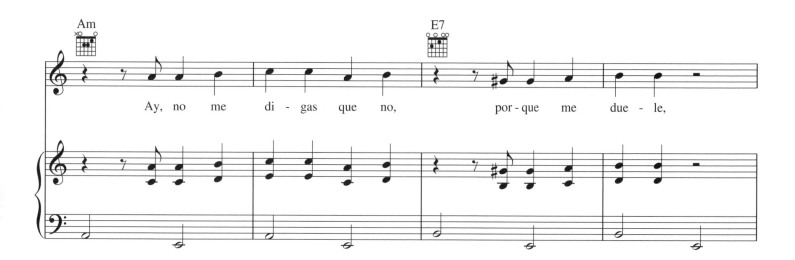

Ay, no me di - gas que no, por - que me due - le,

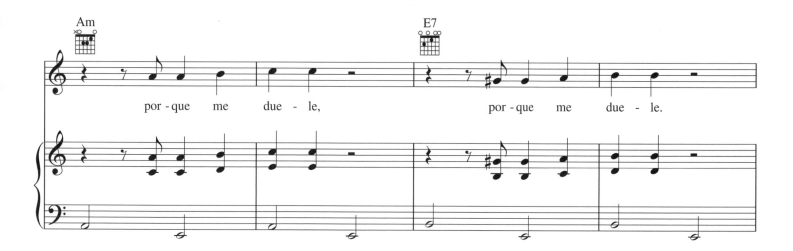

por - que me due - le, por - que me due - le.

Ay no me di - gas que no,

por - que me due - le,   por - que me

due - le.

PÍNTAME

Words and Music by
ELVIS CRESPO

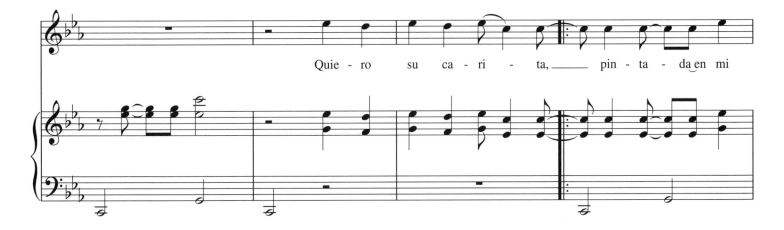

Quie - ro su ca - ri - ta, ___ pin - ta - da en mi

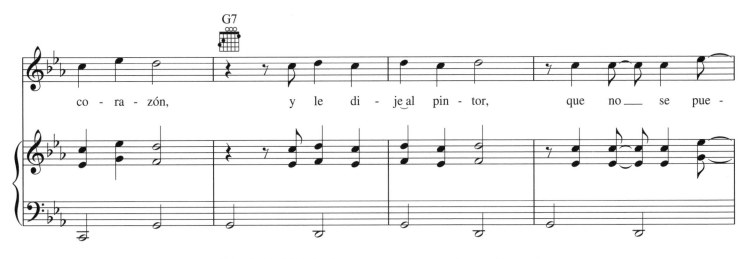

co - ra - zón, y le di - je al pin - tor, que no se pue -

-da bo - rrar. Quie - ro su ca - ri - ta, __ pin - ta - da en mi

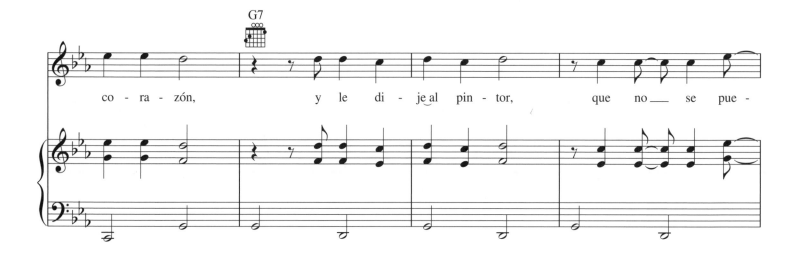

co - ra - zón, y le di - je al pin - tor, que no __ se pue -

-da bo - rrar. Pín - ta - me __ su na - riz pa - ra res - pi -

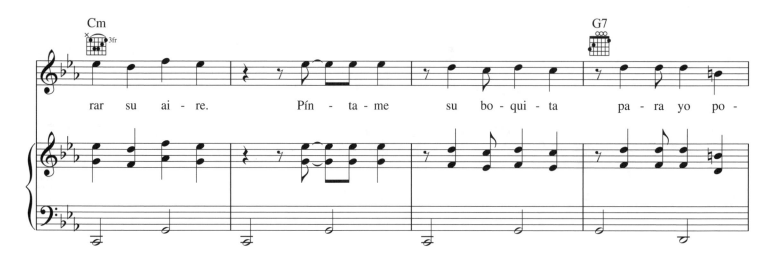

rar su ai - re. Pín - ta - me su bo - qui - ta pa - ra yo po -

der be - sar - le. Pín - ta - me ___ sus o - ji - tos, ___ pa - ra que me

pue - dan mi - rar. Pín - ta - me la en - te - ri - ta,

que no ___ se pue - da bo - rrar. ___ Quie - ro

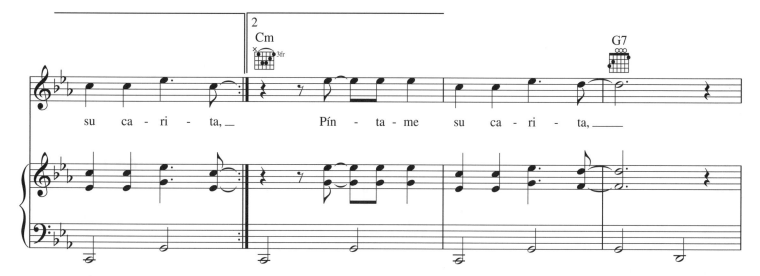

su ca - ri - ta, ___ Pín - ta - me su ca - ri - ta, ___

su ca - ri - ta, _____ su ca - ri - ta. _____

_____ Y, que no se pue - da bo - rrar.

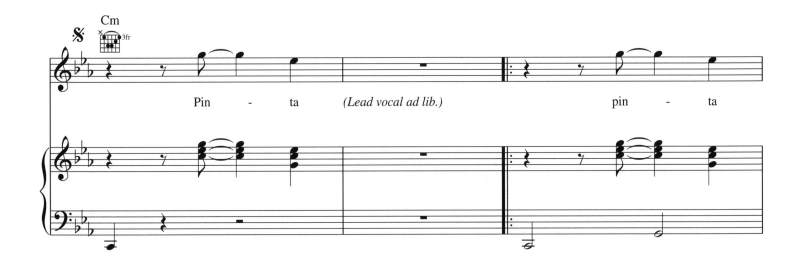

Cm

Pin - ta (*Lead vocal ad lib.*) pin - ta

G7

pin - ta pin - ta

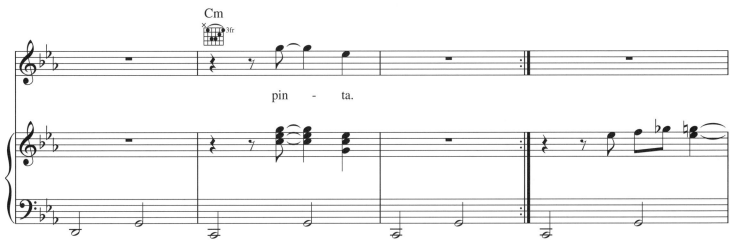

pin - ta.

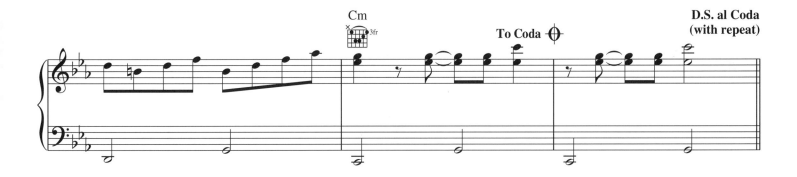

Pín - ta - me.

PÉGAME TU VICIO

Words and Music by
ELVIS SAMUEL

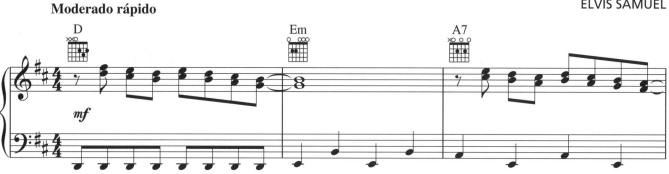

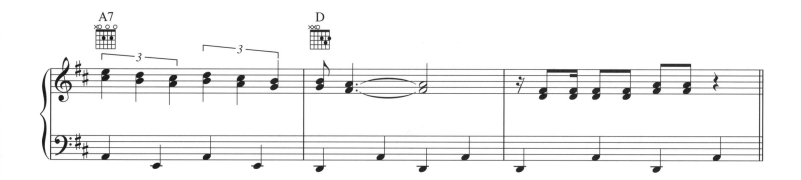

Di - cen_ por a - hí, que el vi - cio de a - mar - te es ma - lo.___

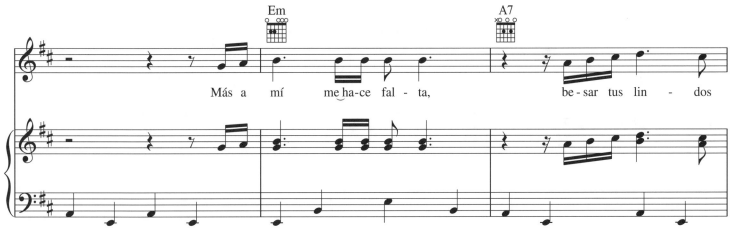

Más a mí me ha-ce fal-ta, be-sar tus lin - dos

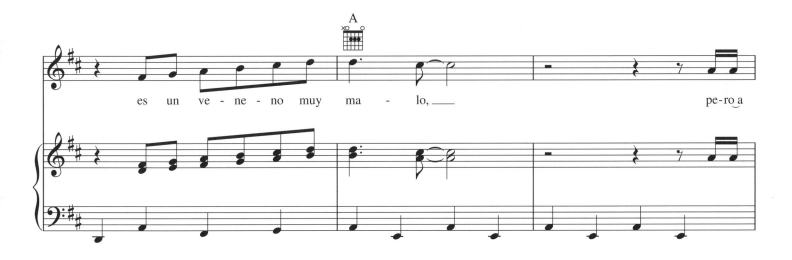

la - bios.___ Di - cen___ que tu a - mor

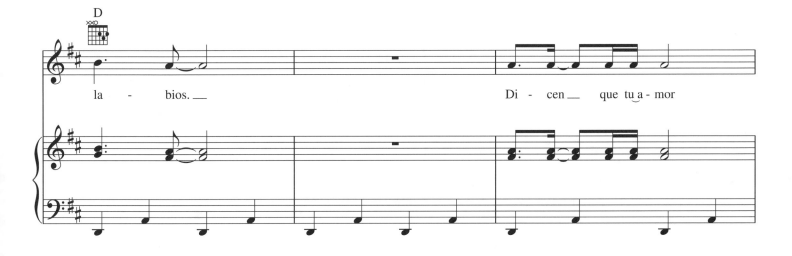

es un ve-ne-no muy ma - lo,___ pe-ro a

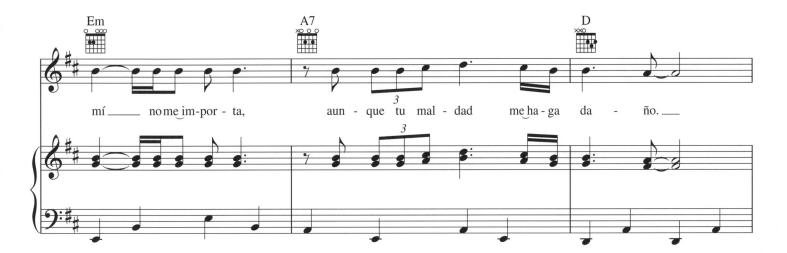

mí___ no me im-por - ta, aun-que tu mal-dad me ha-ga da - ño.___

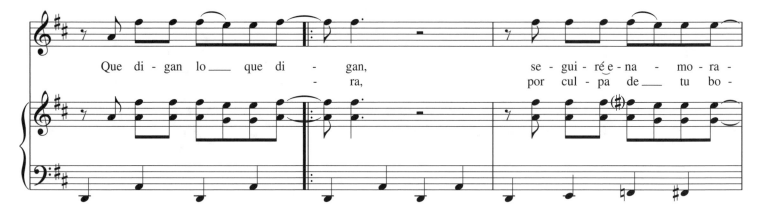

Que di - gan lo _ que di - gan, se - gui - ré e - na - mo - ra -
- ra, por cul - pa de _ tu bo -

G   A

- do _ de _ tí. Pues tú me gus - tas mu - cho mu - jer,
- ca. _ Por - que te lle - vo den - tro de mí,

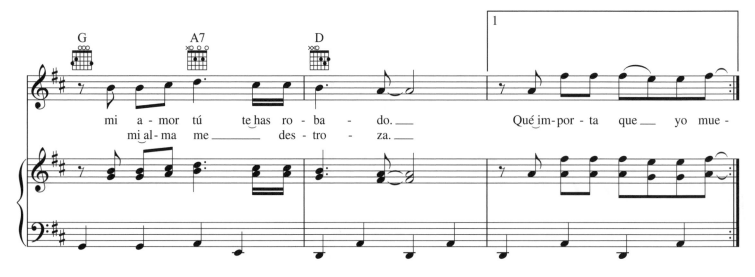

G   A7   D   1

mi a - mor tú te has ro - ba - do. _ Qué im - por - ta que _ yo mue -
mi al - ma me _ des - tro - za. _

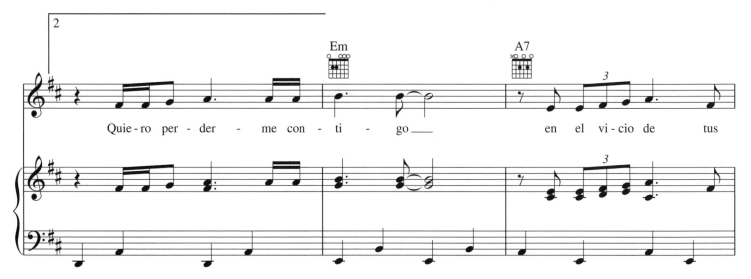

2

Em   A7

Quie - ro per - der - me con - ti - go _ en el vi - cio de tus

la - bios.   Pé - ga - me tu vi - cio,

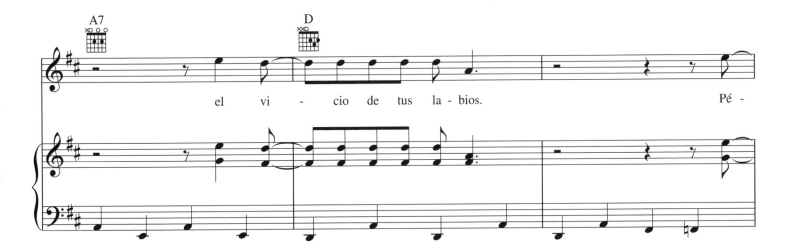

el vi - cio de tus la - bios.   Pé -

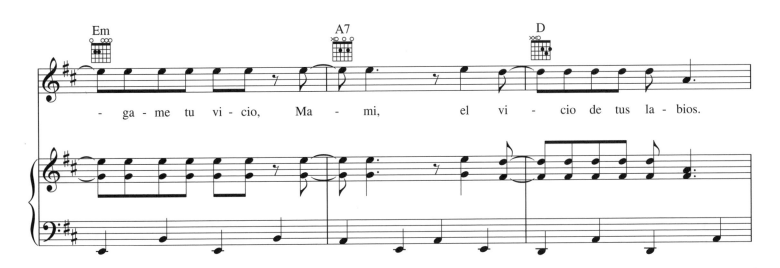

- ga - me tu vi - cio, Ma - mi, el vi - cio de tus la - bios.

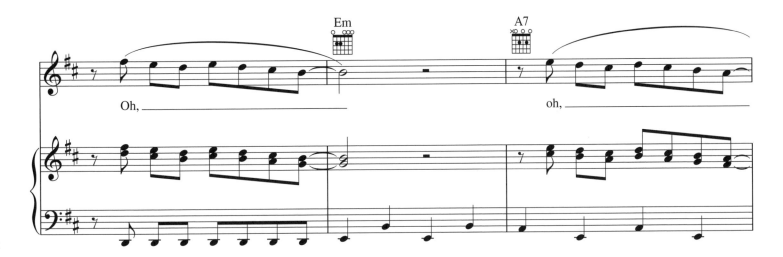

Oh, _____   oh, _____

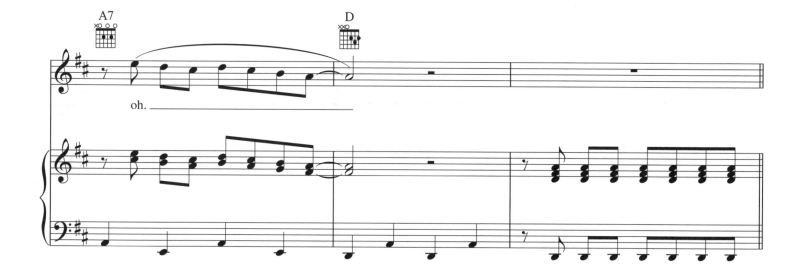

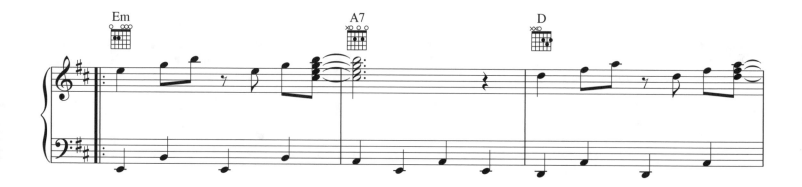

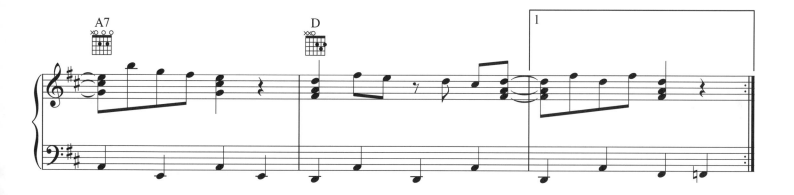

No me im - por - ta si e - res una per - di - da, si

be - bes y fu - mas, e - sa es tu vi - da. Pé - ga - me vi - cio, si, __

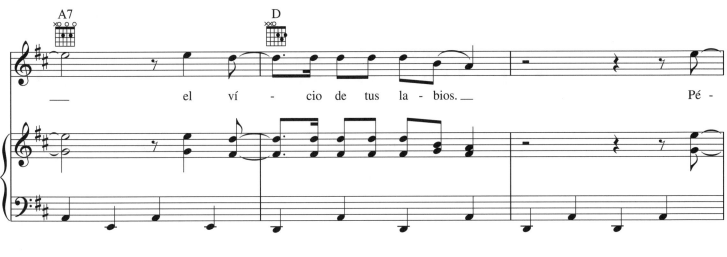

el ví - cio de tus la - bios. ___ Pé -

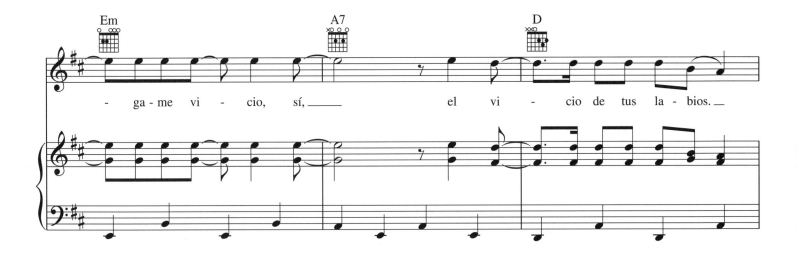

- ga - me vi - cio, sí, ___ el vi - cio de tus la - bios. ___

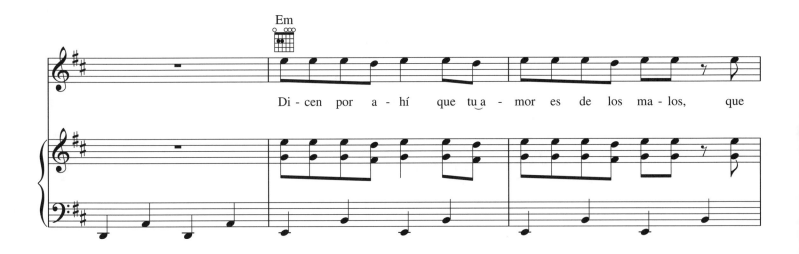

Di - cen por a - hí que tu a - mor es de los ma - los, que

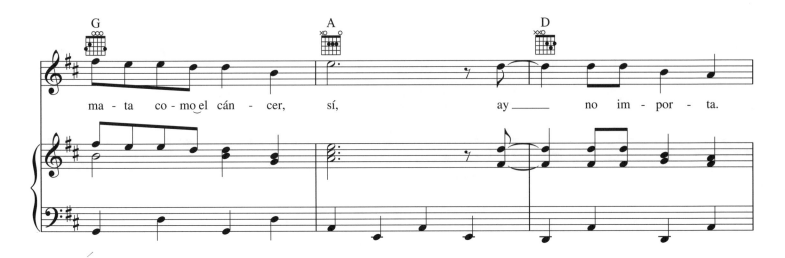

ma - ta co - mo el cán - cer, sí, ___ ay ___ no im - por - ta.

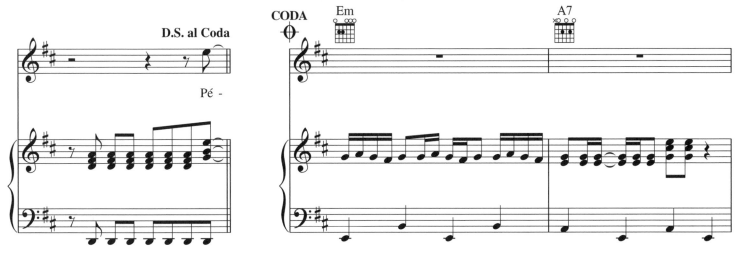

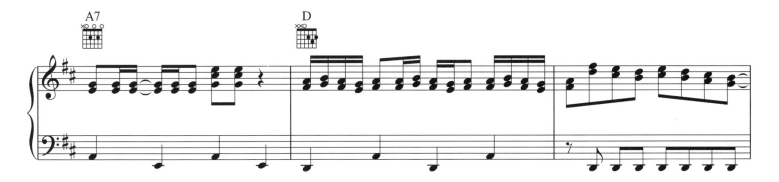

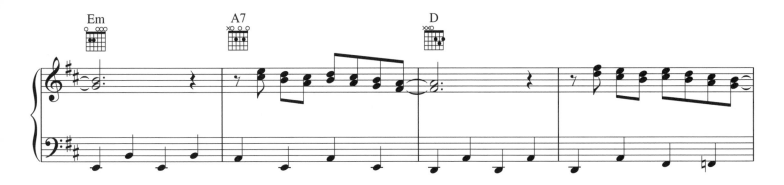

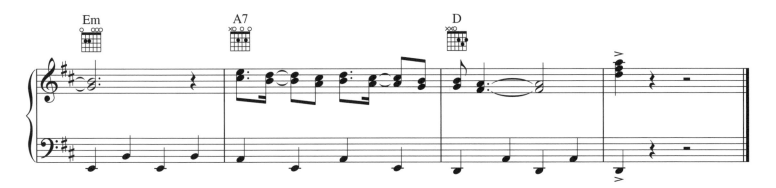

SUAVEMENTE

Words and Music by
ELVIS CRESPO

Moderately fast

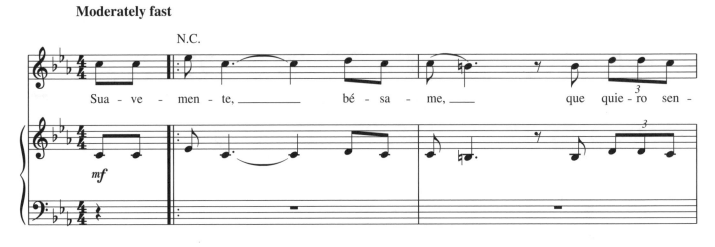

Sua - ve - men - te, _____ bé - sa - me, _____ que quie - ro sen -

tir tus la - bios be - sán - do-me o-tra vez. ___ Sua - ve -

sua - ve

vez. Bé-sa-me bé-sa-

me. Bé - sa - me o - tra vez.

suave

Que yo quie - ro sen - tir tus ___

suave

Cuan-do tú me be - sas, me sien - to en el ai - re. ___

___ Por e - so ___ cuan-do te ve - o, co - mien - zo a be -

sar - te. Y si te des-pe - gas, yo me des-pier - to ___ de e - se ri - co

sue - ño que me dan tus be - sos. Sua - ve - men - te. _____ Bé - sa -

me, que yo quie-ro sen-tir tus__ la - bios, be - sán-do-me o-tra vez.__ Sua - ve - men - te

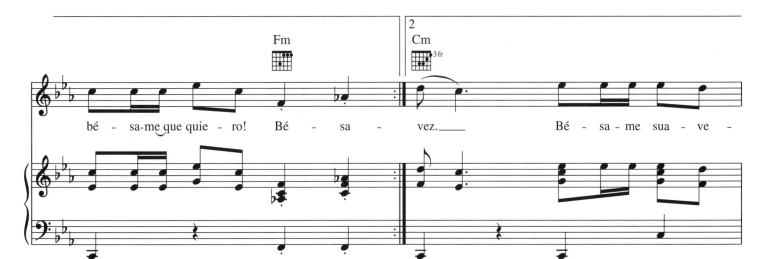

bé - sa-me que quie - ro! Bé - sa - vez.____ Bé - sa - me sua - ve -

ci - to, sin pri-sa y con cal - ma. Da-me un be-so bien pro - fun - do que me lle-gue al

al - ma. Da-me un be - so más que en mi bo-ca ca-be. ___ Da-me un be - so des-pa-

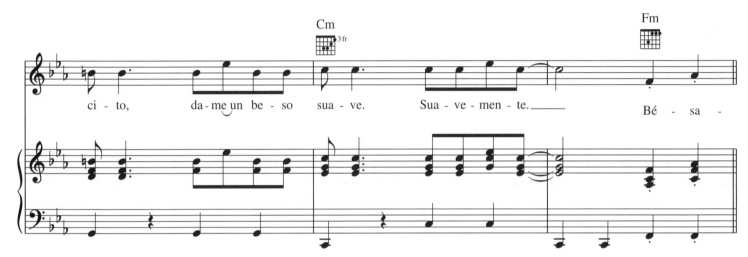

ci - to, da-me un be - so sua - ve. Sua - ve - men - te. ___ Bé - sa-

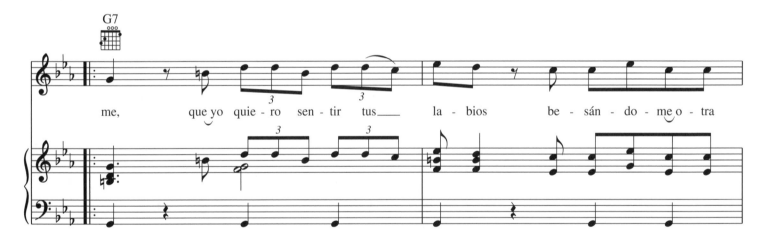

me, que yo quie - ro sen - tir tus ___ la - bios be - sán - do-me o - tra

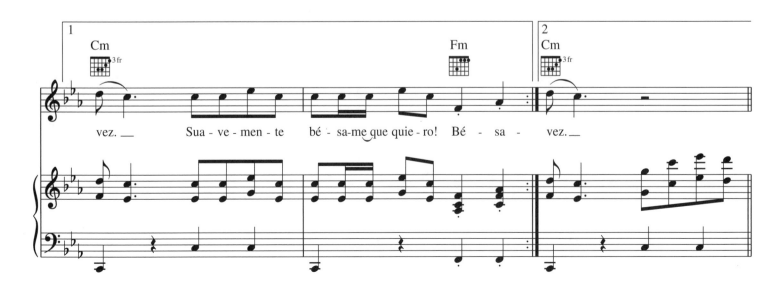

vez. ___ Sua - ve - men - te bé - sa-me que quie-ro! Bé - sa - vez. ___

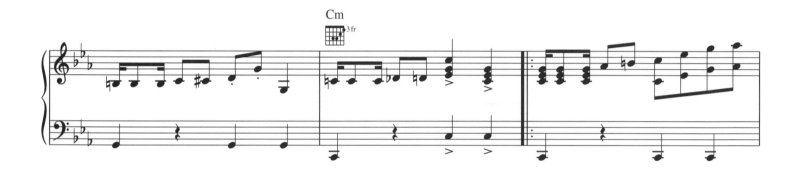

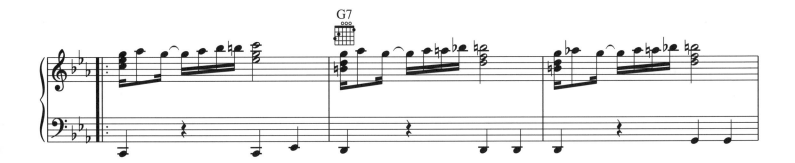

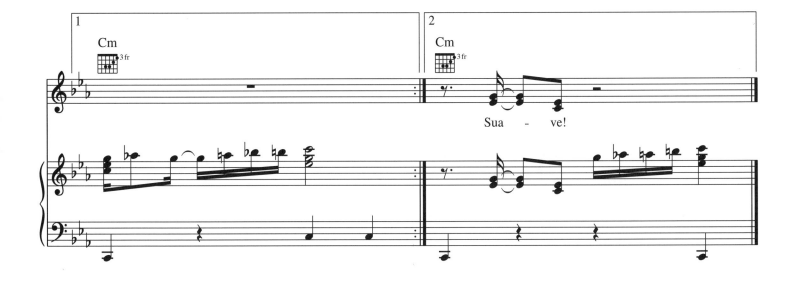

Sua - ve!

TÚ ERES AJENA

Words and Music by
ALEJANDRO MONTERO

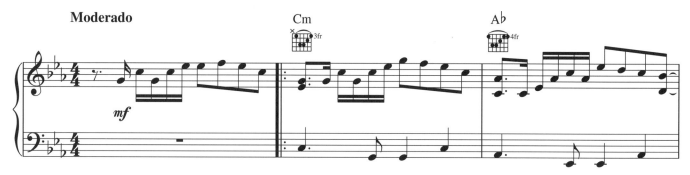

Al co - no - cer - nos me pro - me - tis-

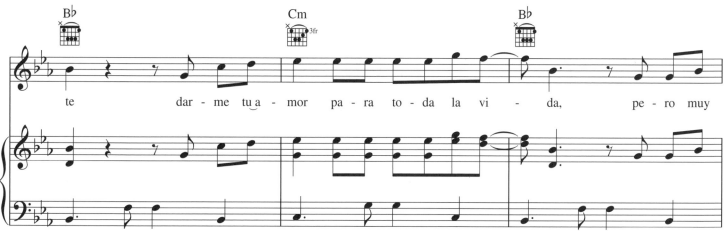

te dar - me tu a - mor pa - ra to - da la vi - da, pe - ro muy

tar - de me he da - do cuen - ta que me en - ga - ña - bas, que me ha - bla - bas men -

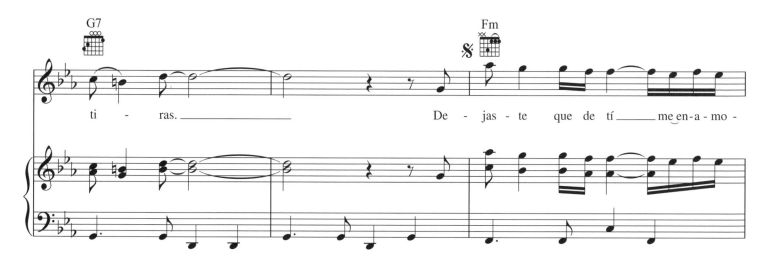

ti - ras. De - jas - te que de tí me en - a - mo -

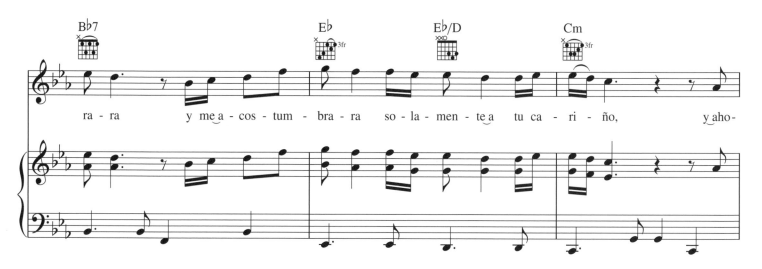

ra - ra y me a - cos - tum - bra - ra so - la - men - te a tu ca - ri - ño, y aho -

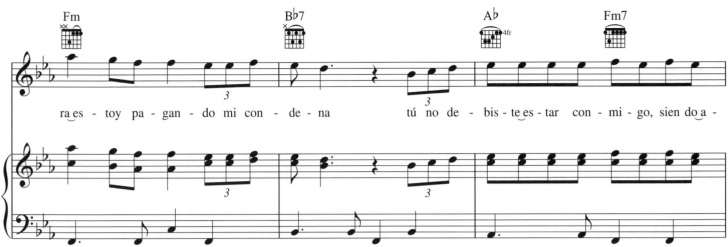

ra es - toy pa - gan - do mi con - de - na   tú no de - bis - te es - tar con - mi - go, sien do a -

je - na.   No ves cuan - to me hie - re tu trai -

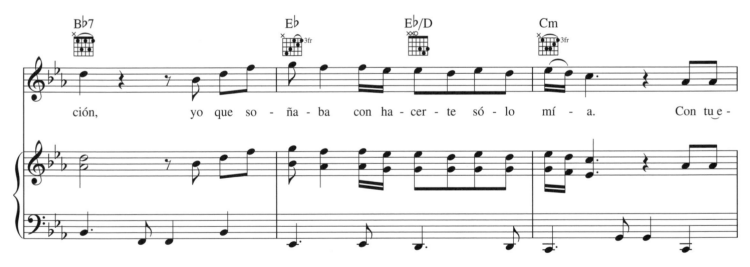

ción,   yo que so - ña - ba con ha - cer - te só - lo mí - a.   Con tu e -

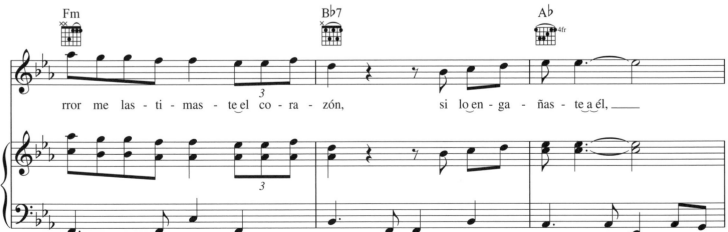

rror me las - ti - mas - te el co - ra - zón,   si lo en - ga - ñas - te a él, ____

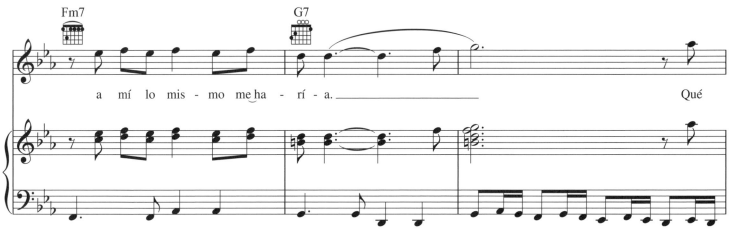

a mí lo mis - mo me ha - rí - a. _____ Qué

lás - ti - ma me da aún co - rre por mis ve - nas, la lla - ma de pa - sión que me de -

jas - te, pe - ro tú e - res a - je - na. Ay que

lás - ti - ma me da, aún co - rre por mis ve - nas, la lla - ma de pa - sión que me de -

To Coda ⊕

jas - te, pe - ro tú e - res a - je - na.

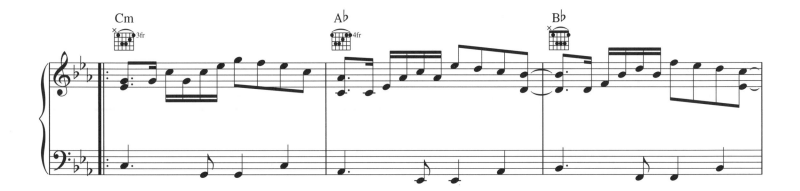

Play 3 times

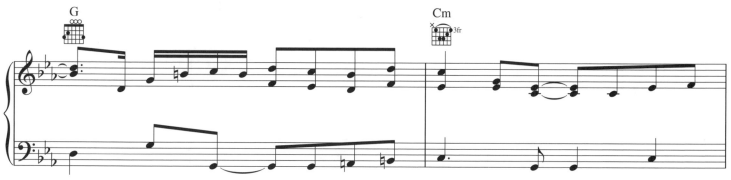

D.S. al Coda

De -

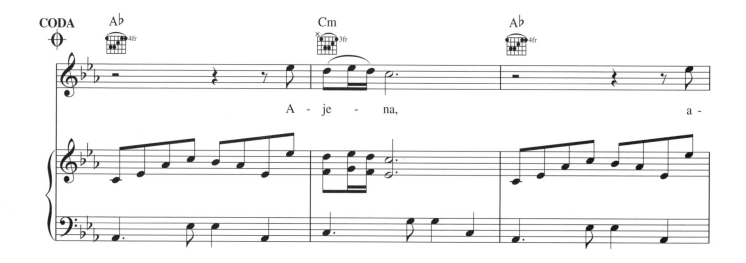

A - je - na,   a -

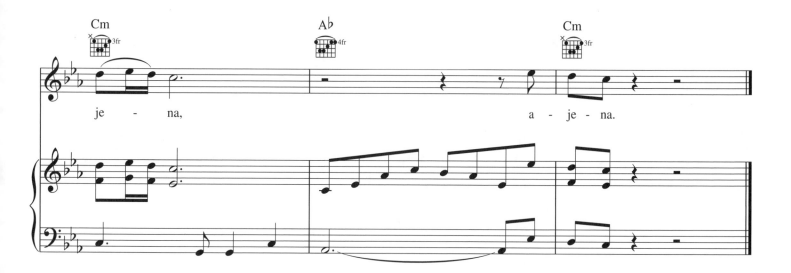

je - na,   a - je - na.

YO TE CONFIESO

Words and Music by LUIS "ANGEL" CRUZ
and ELVIS CRESPO

do de ___ tí. (E - na - mo - ran - do, e - na - mo - ran -

To Coda ⊕

do de ___ tí.)   Y tú lo sa - bes. ___

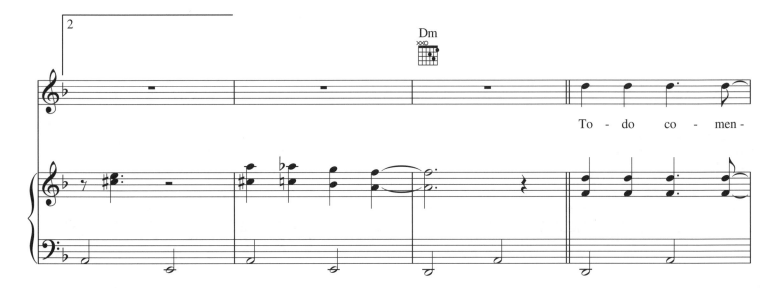

To - do co - men -

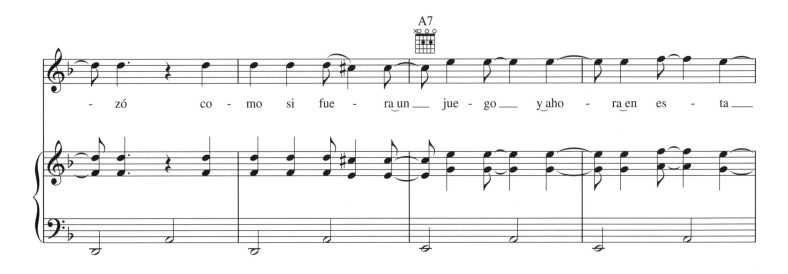

- zó co - mo si fue - ra un___ jue - go y aho - ra en es - ta___

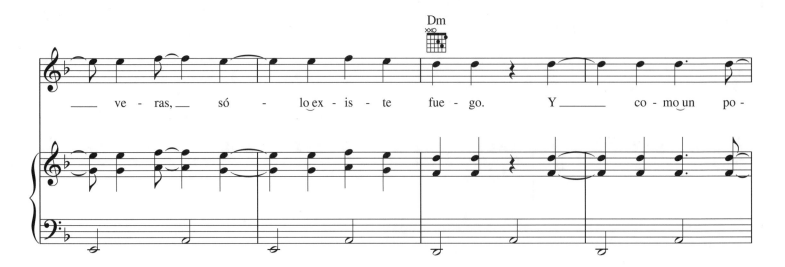

___ ve - ras,__ só - lo ex - is - te fue - go. Y___ co - mo un po -

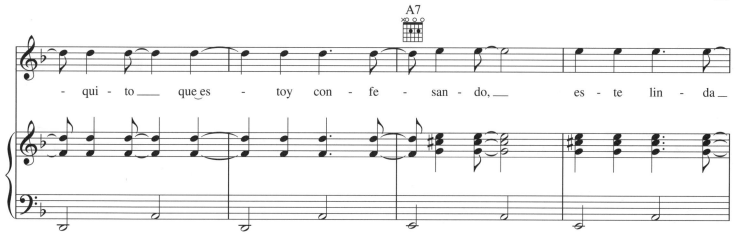

-qui-to que es-toy con-fe-san-do,___ es-te lin-da___

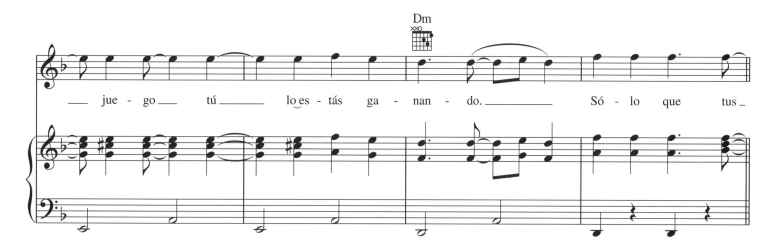

___ jue-go___ tú___ lo es-tás ga-nan-do._____ Só-lo que tus___

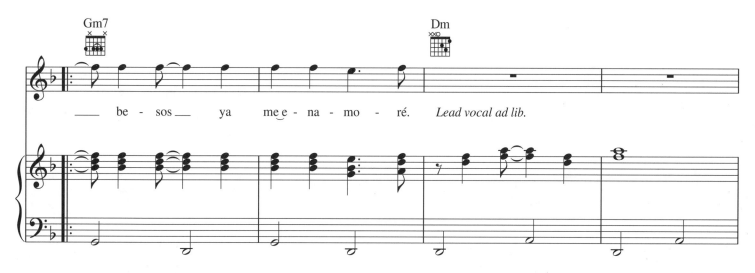

___ be-sos___ ya me e-na-mo-ré. *Lead vocal ad lib.*

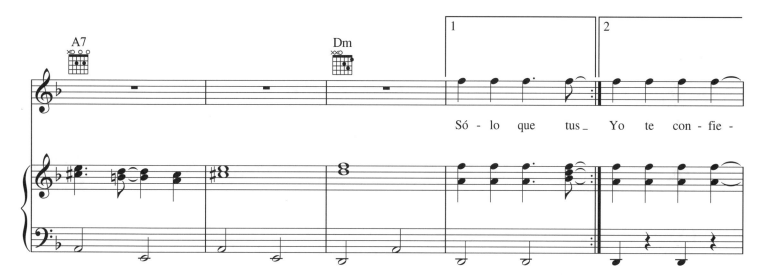

Só-lo que tus_ Yo te con-fie-

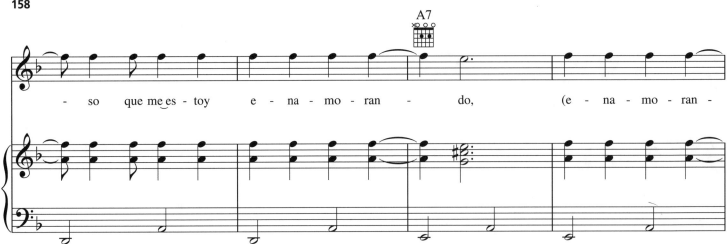

-so que me es - toy e - na - mo - ran - do, (e - na - mo - ran -

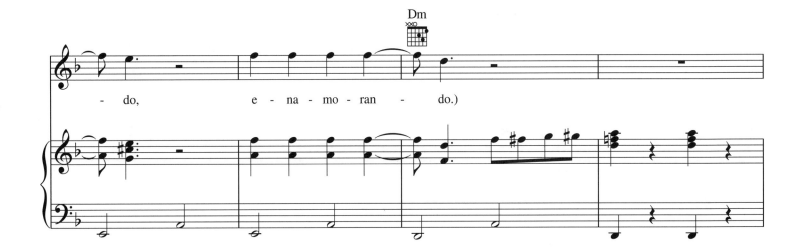

-do, e - na - mo - ran - do.)

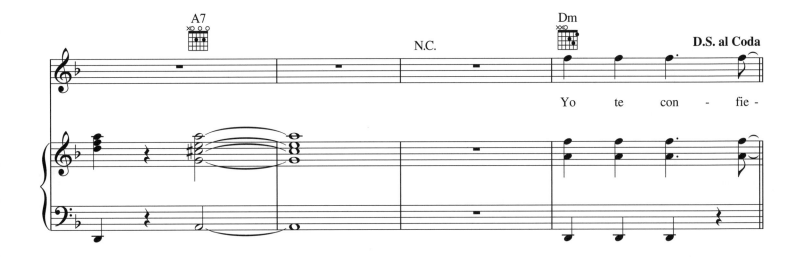

N.C. **D.S. al Coda**

Yo te con - fie -

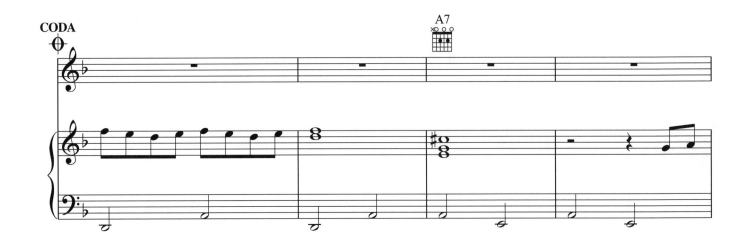

CODA

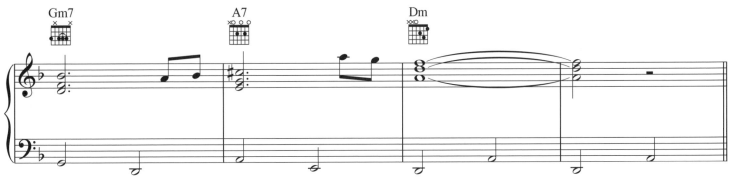

TU SONRISA

Words and Music by
ELVIS CRESPO

Up Tempo Latin

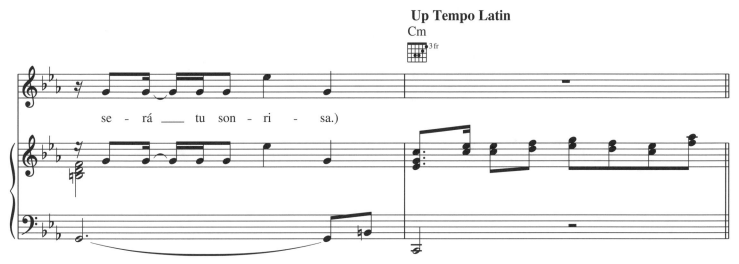

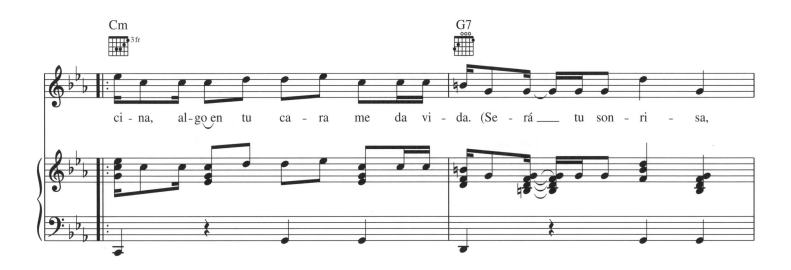

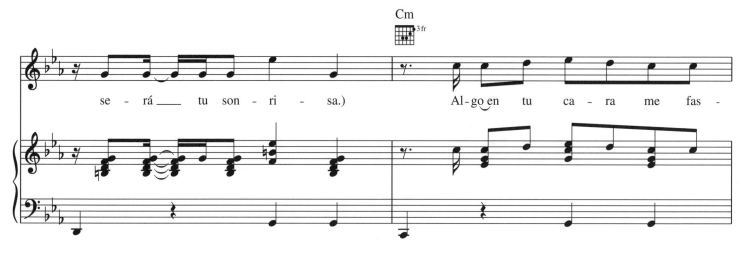

se - rá____ tu son - ri - sa.) Al-go en tu ca - ra me fas -

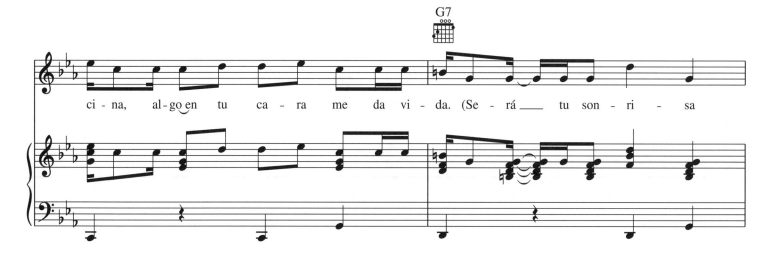

ci - na, al-go en tu ca - ra me da vi - da. (Se - rá____ tu son - ri - sa

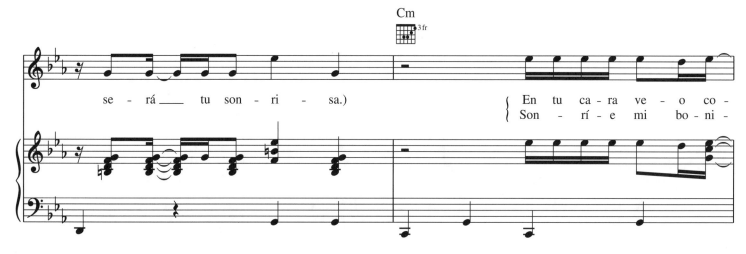

se - rá____ tu son - ri - sa.)   { En tu ca - ra ve - o co -
                                  { Son - rí - e mi bo - ni -

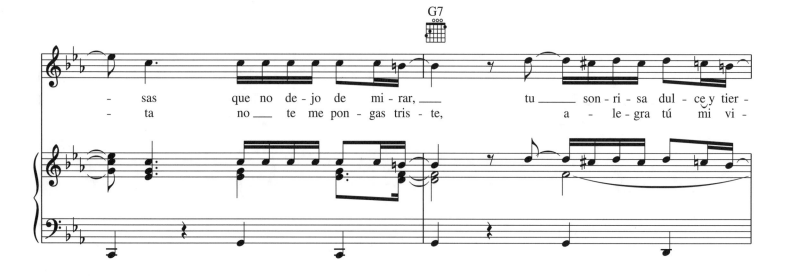

-sas   que no de - jo de mi - rar,____   tu____ son - ri - sa dul - ce y tier -
-ta   no____ te me pon - gas tris - te,   a - le - gra tú mi vi -

-es. Más te di-go te a-mo. Al-go en tu ca - ra me fas-ci-na al-go en tu ca - ra me da vi-

da. (Se - rá ___ tu son - ri - sa, se - rá ___ tu son - ri - sa.)

Al-go en tu ca - ra me fas-ci-na al-go en tu ca - ra me da vi-

da. (Se - rá ___ tu son-ri - sa, se - rá ___ tu son - ri - sa.)

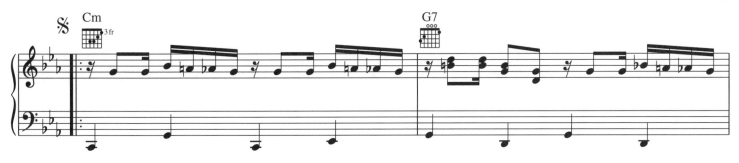

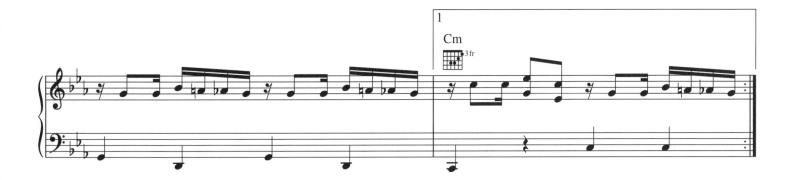

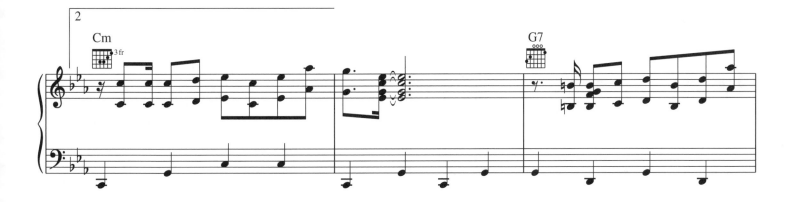

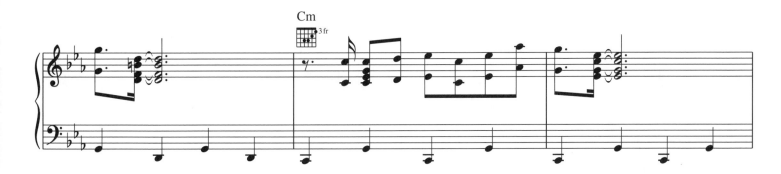

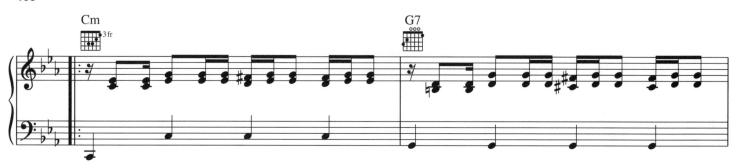

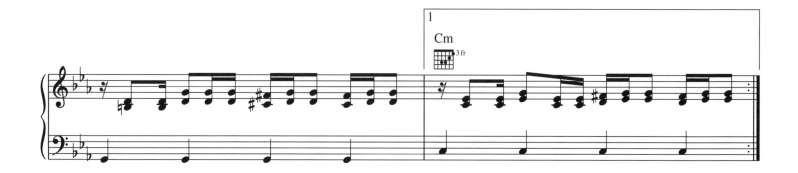

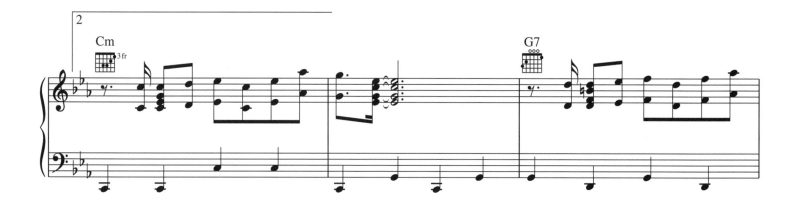

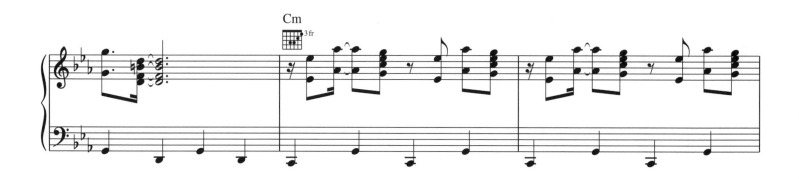

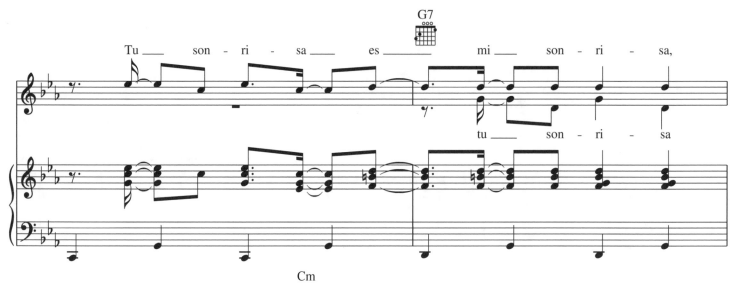

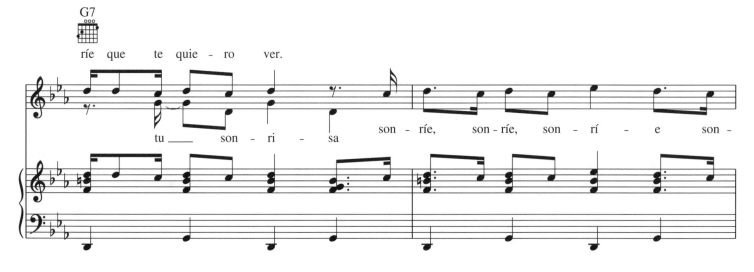

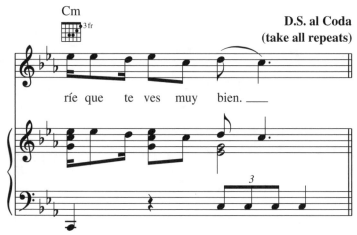

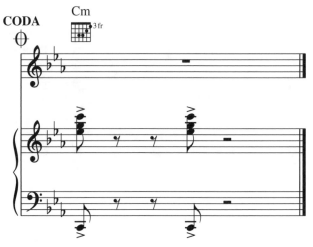